AF242123
N

LETTRES

SUR LES ÉLECTIONS ANGLAISES,

ET SUR LA

SITUATION DE L'IRLANDE.

DE L'IMPRIMERIE DE GUIRAUDET,

RUE SAINT-HONORÉ, N° 315.

LETTRES

SUR LES ÉLECTIONS ANGLAISES,

ET SUR LA

SITUATION DE L'IRLANDE.

Paris,

SAUTELET, LIBRAIRE,

PLACE DE LA BOURSE.

—

1827.

LETTRES

SUR

LES ÉLECTIONS ANGLAISES.

PREMIÈRE LETTRE.

PRÉPARATIFS D'ÉLECTION. — MENÉES SECRÈTES. — M. HAL-
COMB A DOUVRES. — CORRUPTION ÉLECTORALE.

Londres, 2 juin 1826.

MONSIEUR,

Vous m'avez demandé quelques lettres sur
l'Angleterre, et j'aurais grand plaisir à les écrire;
mais bien qu'à une autre époque j'aie passé
près d'un an dans ce singulier pays, je ne le
connais pas assez pour tenter de vous le faire
connaître. Je sais qu'avec de la patience et

quinze ou vingt volumes sur mon bureau, je pourrais rédiger mon voyage tout comme un autre. On emprunte à l'un sa partie historique, en remontant au-delà de César; à l'autre ses descriptions pittoresques; à un troisième ses réflexions politiques; on y joint quelques remarques fort neuves sur la longueur des dîners anglais et la commodité des trottoirs de Londres; et avec un bon libraire, trois vignettes de Dévéria, et six articles de journaux, on prend son rang parmi les observateurs d'un pays qu'à peine l'on a regardé. C'est ce qui s'appelle, je crois, faire des livres avec des livres; occupation fort estimable, mais qui a peu d'attrait pour moi. N'étant d'ailleurs ni architecte ni peintre, je me garderai bien de vous décrire en détail toutes les pierres antiques ou gothiques qui se trouvent sur mon chemin, et les beaux tableaux que l'aristocratie anglaise enfouit dans ses somptueuses résidences, ne m'arracheront pas un seul mot. Quant au théâtre, j'aimerais à vous en entretenir; mais on ne joue à Covent-Garden et à Drury-Lane les admirables tragédies de Shakspeare qu'au commencement de l'hiver. Ce qui occupe à présent l'attention, ce sont des mélodrames plus niais que ceux de la Gaîté, de gauches imitations de nos jolis vaudevilles, enfin des opéras chantés aussi juste qu'à l'Odéon, et non moins patiemment écoutés par un public également convaincu de son goût pour la musique. Est-ce assez pour nourrir une correspondance? Malgré ma bonne volonté, je serais donc réduit au silence, sans un spectacle bien plus curieux que tous ceux où l'on paie son billet à la porte; un spectacle qui se donne en plein air, et dont les principaux acteurs font ordinairement tous les frais; un spectacle, enfin, où, comme dans le drame romantique, le tragique et le comique sont constamment mélangés : je veux parler des élections.

C'est aujourd'hui que le parlement doit être dissous; demain les *writs* seront renvoyés aux shériffs, et vers la fin de la semaine prochaine les *hustings* s'élèveront de toutes parts. Aussi les longues colonnes du *Times* et du *Morning-Post* sont-elles, depuis plusieurs jours, remplies d'articles préparatoires. Ici c'est un membre qui renonce à l'honneur qu'on veut bien lui faire, parce qu'il lui coûterait trop cher; là un candidat qui, dans une lettre à ses honorables constituants, sollicite leurs suffrages, et annonce l'intention de les visiter individuellement aussitôt que les affaires de l'état le permettront. Un troisième prévoit une lutte obstinée (*a severe contest*); mais, fort de l'appui de ses dignes amis, il la soutiendra jusqu'au bout, et triomphera, si Dieu le permet. Tous commencent par protester de leur complète indépendance, et finissent par prendre quelques engagements. Les mots *catholic question* et *corn laws* (lois céréales) se reproduisent souvent dans ces sortes d'adresses, qui, imprimées comme des affiches de maisons à vendre, et placardées sur les murs, parlent à tous les yeux, et remuent toutes les passions. D'ailleurs, des comités se forment, soit pour assurer les frais de l'élection, soit pour aviser aux moyens de transporter les électeurs, soit enfin pour se concerter et déjouer les efforts du parti opposé. Les candidats ne restent pas non plus oisifs : ils vont de porte en porte, donnant la main aux maris, embrassant les femmes et les filles, et promettant monts et merveilles s'ils entrent au parlement. M. Cobbett est déjà à Preston, et M. Hunt à Taunton. Là, ils haranguent le peuple, déplorent sa misère ; lui font connaître, par livres, sous et deniers, ce qu'il paie d'impôts, et, comme de raison, répondent, si on les nomme, de la suppression de tous les abus. Avant-hier, le *West-End* (1) de Londres était encore plein; il sera vide demain, tant les élections intéressent ici la haute société, tant chacun est jaloux de dominer son comté.

Indépendamment de cette candidature publique, les menées secrètes vont leur train. Dans le comté de Northumberland, les quatre prétendants ont déjà dépensé trente mille livres sterling. Les deux membres pour Norwich se sont au contraire arrangés ensemble. Bien que l'un soit ministériel et l'autre de l'opposition, chacun d'eux donnera ses voix à l'autre, de sorte que les indépendants, *freemen*, auront envoyé au parlement deux votes qui se balanceront. On ne croyait pas que les élections de Londres dussent être contestées; mais depuis deux jours il se présente dans le bourg de Southwark un M. Polhill, *high church man*, comme on dit ici, c'est-à-dire dévoué à ce nouveau catholicisme que l'on appelle l'*église anglicane*. Son concur-

---

(1) Quartier de l'Ouest. C'est le seul que puisse habiter *un homme comme il faut.*

rent est le noble, l'excellent sir Robert Wilson, que son vote en faveur des catholiques peut seul empêcher d'être réélu à l'unanimité. Que ferait *l'Étoile*, si elle était électeur?

A Douvres, les choses se passent d'une manière fort amusante. Là, les deux partis sont en présence; le *canvass* (c'est le mot technique) a presque les caractères d'une petite guerre civile. Des drapeaux flottent aux croisées, et chaque matin paraissent des feuilles volantes où les candidats s'injurient réciproquement. L'un deux, M. Halcomb, est un jeune avocat, sans aucun rapport avec Douvres, et que personne ne soutenait d'abord. Cependant il s'est mis sur les rangs, et, dans une assemblée convoquée par lui, a si bien parlé qu'il s'est opéré tout à coup une révolution en sa faveur. Pour vous donner une idée de son éloquence, je voudrais pouvoir transcrire tous les écrits dont il inonde la ville. La religion et les élections, Dieu et M. Halcomb lui-même, y sont confondus de la plus étrange sorte. Après s'être applaudi du triomphe que le christianisme obtient dans son humble personne, *ambitieux, fier et religieux comme il est :* « Permettez-moi, ajoute-t-il, de donner « quelques explications aux braves habitants de

« Douvres sur les libertés qu'on m'accuse d'a
« voir prises avec leurs charmantes filles et
« leurs vertueuses épouses. Il est vrai que j'ai
« baisé les mains de ces aimables dames ; mais
« c'était pour que leur approbation pût accom--
« pagner le vote de leurs époux, et qu'elles
« n'accordassent pas à l'objet de leur tendresse
« (*to their sweethearts*) un regard favorable,
« s'il ne votait pour M. Halcomb. Est-ce outre-
« passer les bornes de la décence, ou chercher à
« influencer les élections par les femmes. Tout
« ce que je veux, c'est qu'en retournant chez
« eux, les électeurs soient accueillis avec un
« doux sourire. » Moins galants, les autres candidats se contentent d'annoncer aux habitants
de Douvres qu'ils *acceptent leur invitation :*
car il en est de ces invitations comme des dé-
missions de ministres en France, qui, comme on
sait, sont toujours spontanées. Ces messieurs
ont d'ailleurs grand soin d'avertir les électeurs
qu'ils se couvriront de ridicule s'ils nomment
M. Halcomb, et d'honneur s'ils les élisent eux-
mêmes. De temps en temps des lettres longues
d'un pouce appellent l'attention sur certains passages de ces proclamations. Pour les mieux faire
ressortir, on épuise tous les caractères de l'im-

primerie. *Freemen of Dover, arise* (1); *Brother freemen, awake* (2); et cent autres invocations du même genre, prennent les formes les plus bizarres ; et de l'encre bien noire semble être un puissant moyen de succès. Par malheur, ce n'est pas le seul.

Chaque année, on fait au parlement des motions contre la corruption électorale. Quelques unes passent, d'autres sont repoussées, et la corruption n'en continue pas moins. C'est qu'elle tient à l'ensemble même du système, et que, pour la déraciner, il faudrait peut-être le changer tout entier. Ainsi, dans ce pays où tous les droits remontent à quelques centaines d'années, il arrive souvent que beaucoup d'habitants d'une ville ne peuvent voter que dans une autre, quelquefois fort éloignée. Ils sont pauvres, et n'ont pas les moyens de voyager. La loi permet alors au candidat de les transporter à ses frais, et de payer toute leur dépense pendant le temps de l'élection. De là à corrompre il n'y a pas loin, et la limite est bien difficile à poser. « Je ne

____

(1) Électeurs de Douvres, levez-vous.
(2) Frères électeurs, réveillez-vous.

« demande pas mieux que de vous donner mon
« suffrage, répond un électeur quand on va le
« trouver; mais je n'aime pas les diligences. Il
« me faut une voiture particulière. Ce n'est pas
« tout, je n'ai pas l'habitude de me séparer de
« ma famille : vous la transporterez donc tout
« entière avec moi; et comme nous avons tous
« un grand appétit en voyage, vous aurez soin
« de nous fournir chaque jour quatre repas
« somptueux. » Cela peut-il s'appeler corruption? Quant aux cadeaux, ils sont bien prohi-
bés; mais, moi candidat, j'admire la beauté
de votre montre : combien voulez-vous me la
vendre? — Deux cents guinées. — Les voici.
Que peut la loi contre une vente? Cependant,
depuis quelques années, il y a, dit-on, une
sensible amélioration dans les mœurs électorales. Le cercle de la corruption se rétrécit
de jour en jour, et bientôt peut-être n'y res-
tera-t-il plus que les dîners, qui en forment
le centre. Ce qu'il faut surtout, c'est que
les électeurs ne regardent pas leur droit de
voter comme une ferme qui tous les sept ans
donne une riche moisson; et, sous ce rapport, le triomphe qu'a obtenu la motion de
lord John Russel dans la dernière séance du

parlement est peut-être plus important qu'il ne le paraît (1). C'est un premier pas vers un meilleur ordre de choses; c'est une protestation qui tôt ou tard produira son effet. Vous apprendrez avec regret que la réélection de lord John n'est rien moins que certaine. Son vote en faveur des catholiques en est encore la seule cause.

Je serais désolé que, dans cette lettre et celles qui suivront, vous vissiez l'intention de tourner en ridicule les élections anglaises. Si quelques parties en sont risibles ou odieuses, il en est encore plus d'excellentes; et, parmi celles-ci, je n'hésite pas à ranger cette brigue ouverte, ces discours, ces écrits, en un mot toutes les communications qui s'établissent ainsi entre les représentants et les représentés. Quant aux petits désordres qui en résultent quelquefois, ils sont inséparables de la liberté, et ce pays-ci n'est pas un de ceux où l'on dit : « Tout va « bien, car on ne se plaint pas. »

Agréez, monsieur, l'assurance de ma parfaite considération.

____

(1) Elle a depuis été reproduite par lord Althorpe, et abandonnée comme ne remédiant à rien.

IIe LETTRE.

Londres, le 6 juin 1826.

« Méfiez-vous de Calvert et de Wilson : ce
« sont des papistes. »

Telle est l'inscription qui, depuis trois jours,
couvre toutes les murailles du bourg de Southwark. Wilson, papiste, c'est-à-dire partisan de
l'intolérance et des idées surannées, ennemi de
la civilisation et de la liberté, quelle bizarre
accusation ! Ajoutez à cela que l'accusateur est
un M. Polhill, tory de vieille roche, zélé ser-
viteur de l'église anglicane, et le reproche vous
paraîtra encore plus étrange. Cependant il fait
son effet. Le peuple s'élève difficilement aux
idées générales de tolérance et de liberté. Voter

pour les papistes, c'est, à ses yeux, être papiste soi-même; ét, malgré son immense popularité, sir Robert Wilson aura une rude lutte à soutenir. C'est demain que s'ouvre le *poll ;* et, de part et d'autre, on fait de grands efforts pour obtenir la victoire. Chaque jour siègent des comités dévoués à l'un ou à l'autre des candidats. De là, comme d'un foyer central, partent tous les placards, tous les pamphlets qui se distribuent par la ville, et qu'un secrétaire-rédacteur est chargé de composer. Les candidats eux-mêmes s'y présentent, s'y réjouissent du nombre de leurs partisans, et, tout en les comptant tout bas, expriment tout haut la certitude du triomphe. Des souscriptions se forment pour soutenir les frais de l'élection. On voit passer dans les rues des commissions de trois ou quatre personnes qui, un livre blanc à la main, frappent aux portes et inscrivent les noms de ceux qui promettent leur suffrage. Tout enfin est en mouvement dans le bourg; la population entière paraît dans l'attente d'un grand événement, et les candidats n'ont pas un moment de repos. La brigue, chez les anciens, devait ressembler à cela.

Je vous ai dit ce que c'est que le *canvass.* Eh

bien ! hier, outre un *canvass* de douze heures, il a fallu que sir Robert haranguât cinq comités et une réunion en plein air. J'ai assisté à cette dernière, et voici comment elle s'est passée. Une foule considérable s'était rassemblée sous les fenêtres de Dover-Castle, attirée par la marche d'une corporation d'ouvriers qui, bannières déployées, et au son de la musique, allait célébrer l'anniversaire de sa fondation. Tout à coup sir Robert paraît, son habit, comme d'ordinaire, boutonné jusqu'à la cravate. Il est entouré, pressé, porté en triomphe. De la fenêtre de l'auberge, son collègue, M. Calvert, candidat comme lui, et comme lui papiste, adresse quelques mots au peuple. Enfin sir Robert, qui, pendant ce temps, était parvenu à monter sur l'impériale de sa voiture, réclame à son tour l'attention. Vous connaissez sir Robert Wilson : c'est un homme d'une taille élevée, d'une admirable simplicité, d'une figure pleine de franchise et d'expression. Voyez-le donc debout sur cette tribune improvisée, voyez tous les regards se tourner vers lui, et tâchez de concevoir l'effet de cette scène. Après avoir parlé liberté, lois céréales, réforme, il a enfin abordé la question épineuse, celle des catholiques. Plus dévoué à la cause de la tolérance religieuse qu'à celle de sa propre élection, il avait résolu de ne rien éluder. Hautement donc il a déclaré que, selon lui, tout homme était maître d'adorer Dieu comme il lui convenait, et que la croyance ne devait entrer pour rien dans les droits politiques. Cette partie de son discours a excité un peu d'étonnement et de froideur : on se regardait, on se consultait, on ne savait comment prendre une telle profession de principes. Quelques *hear, hear,* avaient remplacé les bravos ; cependant aucune huée ne s'est fait entendre, et quand sir Robert a cessé de parler, trois bruyants *houras* l'ont salué. « Je « sais bien, nous a-t-il dit ensuite, que par de « légères concessions aux anti-catholiques, ou « même en esquivant la difficulté, j'assurerais « mon élection ; mais à quoi serait bonne ma « popularité, si je ne m'en servais pour éclairer « le peuple ? » Avons-nous en France beaucoup d'hommes qui raisonnassent ainsi ?

Une assemblée de ce genre eût paru à Paris le prélude d'une nouvelle révolution : la foule ici s'est dispersée tranquillement sans que l'on aperçût la baguette d'un constable, et sir Robert a continué son *canvass.* Pendant une heure et

demie environ il m'a permis de l'accompagner,
et peut-être est-ce la partie la plus curieuse de
l'élection. Nous entrions dans chaque maison,
dans chaque boutique. Là, ôtant son chapeau,
et s'adressant à l'honorable électeur : « J'espère,
« lui disait sir Robert, que ma conduite dans
« le parlement m'a mérité votre suffrage, et que
« vous serez assez bon pour me le donner. »
Les uns répondaient *oui*, en y ajoutant un compliment ; d'autres hésitaient, et il fallait quelques phrases pour les déterminer. « J'avoue, a
« dit l'un d'eux (cordonnier, je crois), que ce
« bill catholique ne me plaît pas. — Mais
« au moins vous aimez le pain à bon marché ?
« — Sans doute. — Eh bien! M. Polhill vous
« le fera payer cher. » Nous avons aussi éprouvé
quelques refus, en petit nombre, mais francs
et décidés : alors un salut poli remplaçait le ser-
rement de main affectueux qui, dans le cas contraire, scellait la promesse. La différence d'o-
pinion était, comme de raison, le motif allégué.
Un cordier pourtant est convenu que, s'il votait
pour M. Polhill, ce n'était pas par principe,
mais par intérêt. « Un ami, a-t-il dit, me l'a
« recommandé », et il n'est pas sorti de là.
M. Polhill est fort riche, et sir Robert sans

fortune. Souvent l'électeur était absent : alors on demandait à sa femme si elle connaissait l'opinion de son mari ; on la priait de s'intéresser au candidat du peuple, et on laissait une carte de visite avec ces mots : *Sir Robert Wilson for the cause of reform and liberty.* Ce qui, pendant cette tournée, m'a surtout frappé, c'est dans tous ces artisans un sentiment profond de leurs droits et de la haute fonction qu'ils exercent : presque tous écoutent la petite supplique du candidat avec un air sérieux et réservé. Qu'ils aient ou non pris leur résolution, ils se garderaient bien de l'interrompre : on voit qu'ils jouissent de l'hommage qu'on leur rend, et qu'ils veulent en jouir jusqu'au bout. Puis, avec dignité, et comme un ministre qui accorde une grâce : *Well, sir, you shall have it.* Ce jour les grandit à leurs propres yeux. Quelque fatigant que puisse être un tel usage pour le candidat, je regretterais de le voir supprimer : il crée entre le constituant et les constitués des rapports personnels ; il habitue à énoncer ses opinions avec fermeté et décence ; il donne, enfin, aux électeurs, une importance qui tourne au profit des élections. Il est d'ailleurs bon d'obliger de temps en temps cette fière aristocratie

PRÉFACE.

Ces lettres ont déjà été publiées dans *le Globe*. Ce sont des croquis pris sur les lieux, et qui ne prétendent à d'autre mérite qu'à celui de la fidélité. Il n'y faut d'ailleurs chercher ni une vue complète du sujet, ni le développement d'un système. J'ai tout simplement regardé autour de moi, et ce qui m'a frappé, je l'ai écrit, sans m'inquiéter si les impressions du lendemain démentaient celles de la veille. Malgré ces contradictions, ou peut-être à cause de ces contradictions, je crois avoir donné une idée assez nette des élections anglaises. Il reste à établir la balance de leurs avantages et de leurs inconvénients. C'est ce que chaque lecteur peut faire aussi bien que moi.

Quant aux lettres sur l'Irlande, j'ai quelque

honte d'avoir autant rapetissé un sujet aussi
vaste. Pour le traiter convenablement, chaque
ligne devrait être une page : car à chaque ligne
se présentent une foule de questions importantes que je n'ose aborder, désespérant de les résoudre en peu de mots. Aussi comptais-je, en
réimprimant ces aperçus, leur donner plus d'é-
tendue. Mais j'ai bientôt senti qu'à moins de
surcharger de notes un texte aussi peu dévelop-
pé, il faudrait refondre tout mon travail, et le
coordonner de nouveau. C'est ce que je ne pou-
vais faire en ce moment.

Ceci répond à quelques unes des observations
qu'on a bien voulu m'adresser. On eût désiré
que je m'étendisse davantage sur la statistique
de l'Irlande, que je donnasse une analyse du
code pénal de la reine Anne et de ses modifi-
cations successives, que j'expliquasse toutes les
difficultés d'un arrangement entre la religion
catholique et l'état, enfin que je ne négligeasse
aucune des faces de la question. Je l'aurais désiré moi-même ; mais, je le répète, c'était un

livre à composer, et ces lettres ont été écrites pour un journal. J'ai voulu surtout éveiller l'attention sur un pays fort peu connu, quoique si digne de l'être. Si j'ai pu donner à de plus habiles l'envie de s'en occuper un peu, mon objet est rempli.

Un reproche plus grave m'a été fait. Quelques protestants zélés ont cru que mon intention était d'attaquer le protestantisme. Rien n'est plus loin de ma pensée. Le protestantisme a été la proclamation formelle de la liberté d'examen. A ce titre, je l'honore autant que M. de la Mennais le déteste. Mais quand, abjurant le principe de son existence, il se fait lui-même intolérant et persécuteur, quand il se constitue religion de l'état et ne souffre plus de rivalité, il est permis de le blâmer et de lui renvoyer les accusations dont il poursuit justement l'église romaine. Quant aux sectes dissidentes, je souhaite les avoir mal jugées; mais je crains fort de ne point m'être trompé. Quelques unes, sans doute, les quakers et les unitaires, par exem-

ple, se montrent éclairées et libérales; en Écosse
aussi, les presbytériens commencent à reconnaître dans les autres les droits dont ils ont usé.
Mais, pour la plupart, les dissidents ont plus
de petitesse dans l'esprit et d'intolérance dans le
cœur que les anglicans eux-mêmes, et j'en appelle à tous ceux qui ont dernièrement visité
Londres. Il y aurait beaucoup à dire sur ce mys-
ticisme qui, faux ou réel, mène tout droit à convertir l'Angleterre en un vaste cloître. Mais ce
n'est point mon sujet. Aux faits que j'ai cités
dans mes lettres qu'on me permette pourtant d'en
ajouter un tout récent. Un déiste, M. Taylor, a
été traîné en prison, et traduit devant la cour
du lord maire, pour avoir nié la révélation dans
des conférences philosophiques. Le lendemain
de cette étrange arrestation, ses disciples se sont
rassemblés pour offrir caution, et dans le nombre se trouvaient quelques femmes. Qu'elles fussent ou non à leur place, peu importe; elles
exerçaient un droit sans nuire à personne. Voici
pourtant comment le *Times* s'est exprimé sur

leur compte : « On assure que des femmes ont paru parmi ces apôtres de l'infidélité. Si on les traitait comme elles le méritent, elles iraient passer quelques jours aux travaux forcés. » Remarquons que le *Times* est fort libéral. Aucun journal n'exprime mieux l'opinion des masses. C'est *le Constitutionnel* de l'Angleterre, et les whigs le reconnaissent pour leur organe officiel. Aujourd'hui (15 mars) le rédacteur en chef de la *Revue Protestante* affirme dans *le Courrier* que la crainte des ultramontains a fait seule rejeter l'émancipation catholique, et que l'intolérance protestante n'y est pour rien. M. Taylor et ses disciples sont-ils ultramontains?

Je puis, au reste, avoir commis quelques erreurs ; mais c'est de bonne foi, et je suis prêt à les rectifier si on me les prouve. Personne plus que moi ne déteste les jésuites de France et leur infâme système ; personne ne désire avec plus d'ardeur la chute de la misérable faction qui prétend nous gouverner. Mais les excès des uns n'excusent pas ceux des autres ; et louer par esprit d'opposition tout ce qui se passe en Angleterre, ce serait imiter Cobbett, dont le journal répète chaque jour que tout en France va le mieux du monde. On appelle cela de la tactique : par malheur cette tactique finit souvent par nuire à ceux qui s'en servent. La vérité est assez forte pour faire toute seule son chemin ; et le temps, j'espère, n'est pas éloigné où, pour *être cru*, il faudra commencer par *se croire*.

P. D. H.

LETTRES

SUR

LES ÉLECTIONS ANGLAISES.

de l'Angleterre à se courber devant les classes inférieures. Ce n'est pas trop de lui faire sentir une fois tous les sept ans qu'elle n'existe que par elles : c'est un contre-poids à l'effrayante inégalité qui pèse sur le pays. Comme toute autre chose, le *canvass*, sans doute, prête au ridicule, et j'eusse pu, sans beaucoup de peine, vous en tracer un grotesque tableau ; mais qu'est-ce qu'il eût prouvé ? Nos journaux ultra n'ont-ils pas été pleins d'excellentes plaisanteries sur la traite des noirs et l'émancipation d'Haïti ?

Vous n'ignorez pas qu'au lieu d'être toutes réglées par la même loi, les élections anglaises varient de comté en comté, de ville en ville, de quartier en quartier : il est donc fort difficile de les ramener à quelques principes généraux. Un livre que j'ai sous les yeux l'a pourtant tenté, et peut-être serez-vous bien aise d'en avoir un court extrait.

Les mandats de dissolution de l'ancien parlement et de convocation du nouveau sont expédiés aux shériffs, qui ne peuvent commencer l'élection dans les comtés moins de dix jours ni plus de seize après les avoir reçus ; dans les villes et les bourgs, moins de trois jours ni plus de huit.

On ne peut être élu dans un comté sans une propriété qui rapporte six cents livres sterling par an, et trois cents dans un bourg.

Pour être électeur de comté, la principale condition est d'être franc-tenancier d'une propriété qui rapporte quarante shellings net par an.

Les conditions pour être électeur de bourg sont plus variables : ici, il faut être *franc-tenancier* pour une valeur de quarante shellings par an; là, les fermiers ont droit de voter; ailleurs, ce droit appartient à des corporations, qui l'exercent soit en totalité, soit par quelques uns de leurs membres. Dans un petit nombre de villes, l'habitation seule rend électeur, telle est Preston; dans d'autres, il faut payer l'*assessement* et la taxe des pauvres, ou bien être *house holder*, c'est-à-dire avoir un droit exclusif à la porte extérieure de sa maison. Enfin, le bourg de Cricklade est le seul où puissent voter les propriétaires de *copyholds*, c'est-à-dire de biens concédés jadis à des vilains par leurs seigneurs, ou prescrits contre ceux-ci.

Outre les incapacités ordinaires, se trouvent exclus du droit d'être électeurs ou élus les douze juges, les shériffs dans leurs comtés, les percepteurs des deniers publics, ceux qui tiennent du gouvernement des places créées depuis 1705, les pensionnés et quelques autres fonctionnaires publics, enfin les papistes, en Angleterre du moins, car en Irlande ces derniers sont électeurs.

L'élection se fait soit par acclamation, soit par scrutin, soit par un *poll* (espèce de scrutin public).

Si le *poll* est demandé par un candidat ou par un électeur, on ne peut le refuser ; aussi a-t-il toujours lieu.

Le *poll* ne peut être ouvert plus de quinze jours.

L'électeur doit donner son vote à haute voix, et, de plus, inscrire son nom sur un registre.

Tous les officiers du *poll* sont payés aux frais des candidats.

L'officier peut fermer le *poll* quand il s'est écoulé un temps raisonnable sans que personne se soit présenté pour voter.

Il existe une foule de lois contre la corruption (*bribery and corruption*). Un seul vote gagné par corruption suffit pour vicier une élection, et priver le candidat du droit d'être réélu, et l'électeur de celui d'élire. Tout présent, toute récompense donnée ou promise, sont réputés corruption, et exposent en outre celui

qui offre à mille livres sterling, et celui qui reçoit à cinq cents livres sterling d'amende.

Il est aussi défendu, sous les peines les plus
sévères, d'ouvrir une autre maison que la
sienne, et de donner aux électeurs à manger ou
à boire.

Enfin, les troupes doivent être éloignées un
jour au moins avant l'élection, et ne revenir
qu'après le *poll*.

Voilà bien des précautions contre la corruption électorale : la pièce suivante, qui a paru
dans tous les journaux anglais, vous fera voir
combien elles ont de succès.

« INVITATION A REPRÉSENTER LE BOURG DE
« BOSTON, A SAMUEL WELLS, ESQ^re.

« Monsieur,

« Vous connaissant pour un ami sincère de
« la liberté, nous vous prions de vouloir bien
« vous mettre sur les rangs comme candidat de
« l'opposition ; ou, si cela ne vous convenait
« pas, de nous recommander un de vos amis...
« La coutume de ce bourg est de donner aux
« *freemen* cinq guinées par vote ; le nombre

« des votants est de cinq cents : vous voyez que
« la dépense n'excédera pas 3,000 livres sterl. ,
« en supposant l'élection vivement contestée.
« C'est une affaire qu'on ne peut manquer, pour
« peu qu'on la prenne avec quelque chaleur.

 « Tout à vous ,

 « FARNDOM GROOM ,
 « Au nom des amis de la liberté. »

À cette étrange requête M. Wells a répondu
comme il le devait, par un profond mépris.

IIIe LETTRE.

ÉLECTION DE SOUTHWARK. — HUSTINGS. — PRÉSENTATION DES CANDIDATS. — SIR ROBERT WILSON ET M. POLHILL. — LUTTE ACHARNÉE. — OUVERTURE DU POLL, — TABLEAU. — FIN DE LA PREMIÈRE JOURNÉE.

Londres, 8 juin 1826.

Ce ne sont point des lettres politiques que je vous écris, et vous savez pourquoi : sans traiter à fond les graves questions de la réforme, de l'émancipation catholique, et de la liberté électorale, je vais donc tout simplement vous raconter ce que j'ai vu hier. Ce sera, je crois, le meilleur moyen de faire comprendre une élection anglaise.

A neuf heures du matin, sir Robert Wilson, ses deux filles, et un Français qui lui doit la vie, se plaçaient, *Regent-street*, dans une calèche découverte, dont le cocher, les chevaux et le domestique étaient tout caparaçonnés de

rubans bleu-foncé, couleur du noble général. Il
est d'usage que chaque candidat soit conduit aux
hustings par ses amis ; et ceux de sir Robert,
réunis en grand nombre dans un carrefour de
Westminster, y attendaient impatiemment son
arrivée. Des nœuds de rubans décoraient leur
boutonnière et leur chapeau ; des bannières
avec d'énergiques devises flottaient dans l'air ;
et une musique, qui comptait sur l'enthousiasme pour paraître bonne, jouait des airs na-
tionaux. A peine sir Robert avait-il paru, qu'il
est entouré, pressé, porté en triomphe : mille
voix le saluent ; ses chevaux sont dételés ; on
traîne sa voiture, autour de laquelle se crampon-
nent vingt laquais d'une nouvelle espèce ; et le
cortége s'avance, en grossissant à chaque pas.
Les amis de M. Calvert, que l'on distinguait à
des rubans bleu-ciel, se joignaient volontiers à
nous ; mais il en était autrement de ceux de
M. Polhill, qui, en haine du catholicisme,
avaient arboré la couleur orange. Quand nous
en rencontrions quelques uns, il y avait lutte
d'applaudissements et de sifflets, ou plutôt
de huées : car c'est par un cri guttural fort
extraordinaire que le peuple anglais témoigne,
en général, sa désapprobation. En entrant dans

le bourg, nous avons défilé devant une armée
de fiacres, loués par M. Polhill pour transporter des électeurs, et dont ses placards recou-
vraient tous les panneaux. Il fallait voir alors
comme aux inscriptions de *Polhill and our
protestant constitution, no Wilson, no popery,*
nos gens répondaient par les cris de *Wilson for
ever, Wilson and reform, Wilson and in-
dependence.* On eût dit deux armées prêtes à
se charger : par bonheur la voix ne blesse pas.

Avec peine, enfin, nous sommes arrivés jusqu'aux *hustings,* où, par la complaisance de
sir Robert Wilson, j'ai été placé avec quelques
amis. A l'extrémité d'une grande rue qui, en
s'élargissant, forme une espèce de place, et dans
une situation qui la domine d'un bout à l'autre,
figurez-vous, adossé à la maison de ville, un
vaste échafaudage élevé de dix à douze pieds
au-dessus de terre, et à peu près semblable aux
loges qu'on établit au Champ-de-Mars un jour
de courses de chevaux. De fortes barrières en
protègent l'approche; et au-dessous de la gale-
rie qui fait face au peuple, dans une enceinte
réservée à dessein, se placent les *clerks* chargés
d'inscrire les votes, lorsque le *poll* a lieu. Voilà
les *hustings :* c'est là que sont réunis pêle-mêle

les amis de tous les candidats, et les membres de leurs divers comités. Cependant ils finissent par se séparer, par se classer; et bientôt les mêmes rubans sont presque tous du même côté. Vous connaissez maintenant le champ de bataille; encore un moment, et le combat va commencer.

Peu de temps après sir Robert sont arrivés MM. Calvert et Polhill, escortés, comme lui, par de nombreux amis. Tous trois alors se sont présentés au peuple, et des applaudissements unanimes, dont chacun probablement revendiquait, au fond du cœur, la plus forte partie, ont signalé leur apparition. Au milieu des concurrents, le *high baillif*, vrai juge du camp, en manteau noir et en perruque à marteaux, s'est avancé gravement. « Trois candidats, a-t-il dit, « se présentent : M. Calvert, sir Robert Wil- « son, et M. Polhill. Qu'on écoute en silence « leurs amis. » C'était le signal; et un champion a aussitôt paru, qui, en faisant ressortir les mérites de M. Calvert, a demandé son élection. Un autre l'a appuyé, et des acclamations ont suivi leurs discours. Cependant le parti Polhill, rassemblé à gauche des hustings, n'était point oisif : il toussait, riait, huait, et cherchait surtout à élever parmi le peuple le cri de *No popery*, cri formidable, et qui seul pouvait terrasser ses adversaires. Un moment il y a réussi; et bien que le nom de Wilson, proposé après celui de Calvert, ait été accueilli avec enthousiasme, quelques phrases de ses amis sur l'émancipation ont excité des murmures, et semblé compromettre sa cause. Le sort de la journée paraissait donc douteux, quand le tour de Polhill est venu. C'était l'instant décisif; et des *houras* bien concertés, bien soutenus, ont d'abord fait illusion sur le nombre de ses partisans. Mais comme ils ne pouvaient pas se relayer, et qu'à force de crier, leurs poumons se fatiguaient, les sifflets et les huées ont bientôt pris le dessus. De ce moment, le parti Polhill a été vaincu, sinon au *poll*, du moins dans l'assemblée; le cri de *No popery* ne s'est plus fait entendre que de loin en loin; c'est tout au plus si l'ami du nouveau candidat a pu dire quatre mots : un plaidoyer pour les jésuites ne serait pas plus mal reçu sur la place Louis-Quinze.

La rue et la place présentaient alors un coup d'œil extrêmement pittoresque. Toutes ces figures animées par des passions contraires, toutes ces bouches ouvertes pour huer ou pour crier

houra, tant de mains agitant en l'air des chapeaux ornés de rubans de diverses couleurs,
tant de drapeaux et de bandérolles flottant aux
fenêtres ou se balançant au-dessus des voitures,
les fiacres, enfin, complétement habillés d'affiches, et ces placards attachés aux chapeaux; collés
aux murailles, ou portés au bout de longues per-
ches, faisaient de cette réunion la plus curieuse
que j'aie vue. Pendant quelques minutes, chacun paraît déterminé à soutenir ses couleurs ;
mais la victoire n'est pas long-temps indécise :
en un clin d'œil tous les placards qui portent le
nom de Polhill sont abattus, arrachés, mis en
pièces, dispersés çà et là. Quelques débris lancés
contre les *hustings* effraient M. Polhill, honnête marchand de tabac, dont les cheveux gris
et la figure paisible paraissent peu faits pour une
lutte de ce genre ; il se retire en arrière, et le
calme renaît. C'était aux candidats à parler ;
mais ici se présente un incident inattendu. Un
M. Butler, maître d'école, se fait jour, paraît
sur le devant des *hustings*, et cherche, par des
déclamations démagogiques, à soulever la multitude. Aussi zélé que Cobbett pour la cause des
catholiques, il craignait, dit-on, qu'elle ne fût
pas assez fermement défendue, et voulait se

proposer lui-même pour quatrième candidat.
Mais, froidement accueilli, il se retire tout à
coup, et M. Calvert a la parole.

Je ne vous donnerai point, monsieur, l'extrait du discours de ce membre du parlement,
bien qu'il m'ait paru tout-à-fait convenable, et
je passe à sir Robert Wilson, qui, pour mieux
être entendu, sautant des *hustings* sur la table
destinée à recueillir les votes, a tout à coup obtenu le plus profond silence. « Messieurs, a-t-il
« dit, quand, il y a dix ans, je me présentai
« pour Southwark, ma place était occupée par
« M. Charles Barclay, homme dont tout le
« monde connaît l'honneur et les vertus. Mais
« il était tory, et cette raison suffit pour l'ex-
« clure. Irez-vous maintenant, défaisant ce
« que vous avez fait, nommer un tory aussi ar-
« dent que lui? M. Polhill est un homme fort
« respectable dans sa vie privée; mais qu'a-t-il
« fait, que fera-t-il pour le peuple? » C'était
un moyen d'arriver aux grandes questions qui
occupent l'Angleterre; et sir Robert les a en effet toutes traitées, en employant tantôt le sarcasme, tantôt l'éloquence, mais toujours un
langage que le peuple pût comprendre et sentir:
aussi de bruyants *houras* l'ont-ils interrompu

plus d'une fois. Comme dans le *meeting* dont je vous ai rendu compte, il s'est d'ailleurs roidi contre toute concession aux préjugés populaires. Non content de faire un brillant éloge de M. Canning, de M. Peel, et de quelques autres ministres, il a formellement déclaré qu'il n'entrerait au parlement que sous l'expresse condition de pouvoir voter pour la liberté religieuse et l'émancipation catholique. « Aux yeux de la « loi, a-t-il dit, il ne doit point exister de dif- « férence entre un chrétien, un mahométan et « un juif. » En France, ces idées sont banales; en Angleterre, elles ont encore quelque chose de hardi. Je ne puis, au reste, vous peindre l'impression que les gestes et la figure de sir Robert, aussi bien que ses paroles, ont produite sur l'assemblée : c'était à la fois de l'admiration pour le brave général associé depuis tant d'années à toutes les gloires de l'Angleterre, à tous les triomphes de l'humanité, à toutes les batailles de la liberté; de la sympathie pour l'homme simple et bon, qui, du ton le plus modeste, rappelait ses services. Juste récompense de deux choses si rares dans le siècle actuel : dévouement à ses opinions, et foi à sa conscience!

Après les *tonnerres d'applaudissements,*

comme disent les Anglais, qui ont suivi le discours de sir Robert, M. Polhill, à son tour, a
voulu prendre la parole : alors se sont renouve-
lées, mais avec plus de violence encore, les scènes que j'ai décrites. Dès que l'infortuné candidat ouvre la bouche, le peuple se précipite vers
les *hustings*, comme pour les escalader ; et le
mot *off, off,* mille fois répété, fait trembler le
parti orangiste. Incapable de se faire écouter,
M. Polhill veut se retirer ; mais ses amis l'en
empêchent ; et quand, à l'immobilité de ses lèvres, on voit qu'il a cessé de parler, le *high
baillif* s'avance de nouveau. « Que ceux, dit-il,
« qui sont d'avis de nommer M. Calvert lèvent
« la main. » Mille mains se lèvent. Même demande pour sir Robert Wilson, et même réponse. Pour M. Polhill, beaucoup de huées et
peu de suffrages. « Mon avis est, ajoute le *bail-*
« *lif,* que sir Robert Wilson et M. Calvert
« sont élus représentants du bourg de South-
« wark. » Une triple salve de *houras.* Alors un
ami de M. Polhill s'avance : « Nous demandons
« le *poll.* » — « M. Polhill, reprend le *baillif,*
« demande le *poll :* il s'ouvrira à deux heures,
« et sera fermé à quatre. » Suspension des hos-
tilités pour une heure environ.

Ne croyez pas, monsieur, que pendant cette trève les deux armées restent en repos. Les vainqueurs continuent à déchirer les étendards des vaincus, et quelques duels à coups de poing entretiennent l'ardeur martiale des combattants. Deux heures sonnent enfin, et le *poll* commence. Je vous ai déjà dit où l'on reçoit les votes. On y arrive par cinq avenues formées par des barrières, et destinées aux cinq paroisses. Chaque candidat a le droit de nommer un scrutateur par paroisse, de sorte que chaque vote est recueilli autant de fois qu'il y a de candidats. Derrière la table se tiennent en outre des avocats et des amis chargés d'observer si tout se passe dans les règles. Trois ou quatre électeurs se présentent ensemble, et jurent qu'ils ne se sont point laissé corrompre. On inscrit ensuite leur nom, leur demeure et leur vote ; et, s'il y a contestation sur leur qualité d'électeur, ils sont conduits dans une chambre voisine, où le *high bailliff* examine et décide. Grâce à ces précautions et à la publicité, sauvegarde de toute justice et de toute probité, l'erreur est difficile, la fraude impossible. Le spectacle du *poll* n'est guère moins amusant que celui de la lutte entre les candidats. A chaque instant arrivent des files de voi-

tures et de chariots décorés de banderoles, et
chargés d'électeurs que la foule applaudit ou
siffle, suivant leurs couleurs. Des agents électoraux courent de tous côtés, exhortant les incer-
tains, affermissant les faibles, animant les indifférents. Des amis des candidats, penchés sur la
balustrade des *hustings*, comptent avec anxiété
les voix déjà données, et remercient hautement
ceux qui votent pour leur protégé. De temps en
temps, les candidats eux-mêmes se montrent et
encouragent ainsi leurs partisans. Enfin, ces
groupes d'électeurs, baisant la Bible et énonçant
hautement leur vote, ajoutent à l'originalité du
tableau. Tout d'ailleurs se passe avec un ordre
parfait. Bien qu'une foule immense encom-
bre la rue, des voitures, des chevaux, des diligences, passent sans qu'aucune insulte leur
soit adressée : c'est en quelque sorte une confusion réglée, un tumulte pacifique, et l'œil
n'est point blessé par ces sabres nus qui chez
nous ne manquent jamais d'apparaître dès que
vingt personnes sont réunies. On se sent au
milieu d'un peuple habitué à faire lui-même sa
police.

A l'heure dite, le *poll* a été fermé, et remis
au lendemain. Sir Robert Wilson avait obtenu

175 voix , M. Calvert 170 , et M. Polhill 106. Le high-bailliff a proclamé ce résultat ; et les acclamations ont recommencé. Il faut alors que les candidats remercient ceux qui les ont sou+ tenus. M. Calvert et sir Robert l'ont fait de fort bonne grâce ; et M. Polhill a tenté de les imiter, toujours au milieu des huées et des sifflets. A cinq heures et demie , tout était fini ; la foule s'était tranquillement écoulée ; et, une heure après, nous avons trouvé imprimé dans les journaux du soir tout ce que nous avions entendu le matin. La curieuse chose qu'une journée d'élections !

Je me suis, monsieur , beaucoup étendu sur l'élection de Southwark , parce que je n'en verrai aucune de plus près ; et qu'elle peut donner idée de beaucoup d'autres. J'espère dans ma prochaine lettre pouvoir vous parler de celle de la cité.

IV° LETTRE.

ÉLECTION DE LA CITÉ. — TRIOMPHE DES ALDERMEN. — AGITATION DE SOUTHWARK. — ÉTAT DU POLL. — ÉLOQUENCE ÉLECTORALE. — ÉLECTION DE WESTMINS- TER. — DÉPENSES NÉCESSAIRES.

Londres, 10 juin 1826.

C'était hier l'élection de la cité : je l'ai vue, et rien ne ressemble moins à l'élection de South- wark. C'est en quelque sorte passer du parterr de la Porte-Saint-Martin à celui du Théâtre- Français. On n'y remarque guère de têtes sans chapeau ; les mains y sont, en général, passa- blement propres, et surtout l'on y rit fort peu, preuve évidente que l'on s'y trouve en très bonne compagnie. Mais la bonne compagnie, quand elle s'en mêle, n'est pas moins bruyante que le peuple, et j'ai cru pendant quelques mo- ments que les voûtes de *Guildhall* allaient s'é- crouler. Par bonheur elles sont vieilles, et ont

résisté à mille dîners de corps et de corporations : c'est vous dire qu'elles sont à l'épreuve.

Dans une immense salle gothique, de la plus
imposante architecture, se rassemblent quatre
mille électeurs environ. A l'une des extrémités
s'élève une espèce d'estrade sur laquelle siégent
le *lord-maire*, les *aldermen* et quelques privilégiés. C'est là que se présentent les candidats.
Il y en avait six hier : MM. *Wood*, *Waithmann*, *Thompson*, *Ward*, *Garratt*, et *Vena-
bles*, tous à peu près également inconnus hors
de l'enceinte de la cité, mais qui n'en avaient
pas moins d'intrépides partisans et de chauds
ennemis. Sauf *Waithmann*, qui s'exprime avec
énergie, ces messieurs m'ont paru peu versés
dans un art fort commun en Angleterre, celui
de la parole, et plus d'une fois l'assemblée a partagé mon avis. Tantôt applaudis, tantôt sifflés,
ils ont, suivant l'usage, hautement et franchement professé leurs principes ; puis l'on a été aux
voix. Par politesse pour les *aldermen*, la coutume veut qu'ils soient tous présentés aux suffrages des électeurs, bien qu'ils ne se mettent
pas sur les rangs. Leurs noms sont donc in-
scrits sur une espèce de croix en bois, semblable aux poteaux qui, dans le bois de Boulogne,

indiquent le chemin, et l'un des officiers de la ville l'offre à tous les regards. Je ne sais s'ils aiment beaucoup à se voir hissés tour à tour au haut d'une perche, et livrés, eux présents, à l'opinion publique. Quoi qu'il en soit, sur vingt-quatre, il n'y en a eu que dix-huit de hués à l'unanimité. C'est presque un triomphe pour le corps.

Quatre des candidats ont paru réunir la majorité des suffrages; mais l'un des *désappointés* a demandé le *poll*, et, comme à Southwark, le *poll* a dû avoir lieu. Pour voter dans la cité, il faut être ce que l'on appelle *livery-man*. Or les *livery-men* sont choisis par les *freemen*, c'est-à-dire par les membres de l'une des corporations de la ville. Vous voyez qu'il en résulte une sorte d'élection à deux degrés : peut-être est-ce un inconvénient; mais elle est publique, et cela répare bien des choses.

L'élection de Southwark n'est point encore terminée, et depuis trois jours le *poll* se fait avec la plus incroyable activité. Un étranger transporté tout à coup au milieu du bourg ne saurait s'il assiste à une fête, à une émeute ou à une représentation théâtrale. La population entière reste patiemment autour des *hustings* depuis le matin jusqu'au soir, et d'heure en heure

arrivent des cargaisons ou des processions d'é-
lecteurs précédés de musique, de bannières et
d'emblèmes de toute espèce. Quelquefois il s'engage entre les candidats et les électeurs, ou
entre les électeurs eux-mêmes, d'excellentes
conversations. Un homme du peuple grimpe
sur une charrette, fait un discours, et est écouté
avec grande attention : car ce peuple-ci paraît
aimer autant les discours que les Espagnols les
processions et les Français les revues militaires.
Dès que quelqu'un parle, tous les yeux se fixent
sur lui, suivent ses mouvements, et, si l'oreille
ne peut entendre, devinent ce qu'il dit. Partout
d'ailleurs on prend au *poll* le plus vif intérêt.
On nous a vus avec Robert Wilson : c'en est
assez, nous sommes connus dans Southwark
pour ses amis ; on nous donne des nouvelles et
on nous en demande ; et malheur à qui nous
insulterait : le nom seul de sir Robert nous ser-
virait de défenseur, tant l'opinion publique
est en sa faveur, tant a peu réussi l'absurde cri
de *No popery ! No popery !* à Londres. C'est à
peu près comme si, de l'autre côté du détroit,
on s'amusait à crier : « Point de démocratie ! »

Polhill perd chaque jour du terrain, et le résultat du *poll* n'est plus douteux. Au moment

où quatre heures sonnent ; les candidats haranguent l'auditoire, qui se presse autour d'eux avec avidité, et c'est toujours Wilson qui a la palme. Personne en effet ne possède mieux l'art des improvisations populaires. Hier, après s'être amusé aux dépens de M. Polhill, de ses placards et de ses drapeaux, il a appelé l'attention sur quelques actes de violence commis la veille par les amis de son concurrent. Puis, tirant de sa poche une pierre qu'on lui a jetée pendant qu'il dînait, il l'a montrée au peuple. Vous concevez l'indignation générale. Pendant quelques minutes on n'a entendu qu'un long rugissement, à travers lequel se distinguaient les cris de *Shame, Polhill forward.* Il a donc fallu que M. Polhill se justifiât. Il l'a fait d'un ton humble et timide. Mais l'un des membres de son comité, plus intrépide, a relevé le gant ; et, sautant sur la table des votes, son ruban orange à la boutonnière, il s'est mis, malgré les cris et les menaces de ceux qui l'entouraient, à fulminer contre Wilson la plus violente diatribe. Jamais je n'avais entendu de si déchirantes clameurs. Vous concevez, d'après ceci, la manière de parler des candidats. Le ton de la plaisanterie, d'une plaisanterie plus amère que fine, plus comique que délicate, est celui qui réussit le mieux ; et cette plaisanterie, c'est naturellement sur les adversaires qu'elle porte. On ne craint pas d'ailleurs de les attaquer face à face, de mettre au jour leurs mauvaises actions et de rappeler ses propres services. *La vieille Angleterre* (*old England*) ne manque jamais aussi de faire un admirable effet. Par malheur, *la vieille Angleterre* commence à s'user, et il en sera bientôt d'elle comme en France de la *victoire* et de la *gloire*, des *lauriers* et des *guerriers*. On trouvera alors quelque chose pour la remplacer.

Tout propriétaire d'une maison estimée à 10 liv. sterl. de revenu est électeur dans Southwark. A Westminster, il suffit d'avoir à soi une maison quelconque (*to be house-holder*). Aussi le vote y est-il presque universel. C'est donc là l'élection des élections ; et vous vous souvenez peut-être de l'aimable accueil qu'y reçut, il y a six ans, le capitaine Maxwel. Cet exemple a profité : personne, cette année, ne s'est présenté pour lutter contre sir Francis Burdett et M. Hobhouse ; et le vaste marché de Covent-Garden, ce théâtre de tant de batailles électorales, les a vu nommer sans opposition, aux acclamations d'une multitude enthousiaste et déguenillée. Cependant, sans doute pour ne pas perdre l'habitude du combat, les honorables *freemen* se sont amusés à envahir une charrette de choux, et à se les lancer à la tête : on eût dit cette charrette placée là tout exprès. Peut-être était-ce une galanterie des candidats, qui, au fait, devaient bien à leurs électeurs ce petit divertissement.

Tout ceci doit paraître fort extraordinaire en France, où l'on est habitué à voir marcher le gouvernement par une sorte de mouvement mécanique. Mais, je le répète, mieux valent, à mon gré, quelques désordres que l'absence de toute vie et de toute publicité. Ces *meetings*, ce *canvass*, qui précèdent l'élection ; les discours des candidats, leurs professions de principes, cette lutte corps à corps qu'il leur faut soutenir, croyez-vous qu'il n'en résulte aucun bien ? N'est-ce pas un moyen sûr de former à la fois les représentés et le représentant ? Plus de vingt mille personnes ont entendu Wilson et ses collègues; quatre mille étaient réunies à *Guildhall*, huit ou dix mille peut-être à Covent-Garden. Voilà donc, dans Londres seulement, près de quarante mille citoyens qui savent ce que c'est que l'émancipation catholique, les lois céréales, la réforme parlementaire ; et par eux combien d'autres l'apprendront! Il y a d'ailleurs dans les masses plus de bon sens qu'on ne croit. Voyez le peu d'effet qu'a produit le cri de *No popery !* c'était pourtant l'un des plus propres à enflammer les passions.

Les pleureurs du temps passé voient sans doute avec regret qu'à chaque élection, la corruption, l'ivrognerie, et tant d'autres bonnes choses, aillent en diminuant. Il en coûtait autrefois 3o,ooo liv. sterl. (75o,ooo fr.) pour être élu à Southwark. Le mémoire d'un candidat se borne maintenant aux frais d'impression des placards, à l'achat des rubans, au louage de quelques voitures, et au paiement des hustings. Cependant, quand on fait les choses grandement, cela ne laisse pas d'aller loin, et le plaisir de se montrer à côté de Calvert et de Wilson aura, dit-on, coûté à M. Polhill quatre mille livres sterl. Pour des huées, c'est trop cher.

Ve LETTRE.

ÉLECTION DE PRESTON. — PERSONNAGES. — EXPOSITION.
— LIEU DE LA SCÈNE. — COBBETT ET M. STANLEY. —
CONFUSION. — INTERROGATOIRES D'ÉLECTEURS. — BA-
TAILLE DANS LES RUES. — ORGANISATION DES COMITÉS.
— FIÈVRE GÉNÉRALE. — ÉTAT DU POLL.

Preston, 15 juin 1826.

J'assiste ici, monsieur, à un drame fort extraordinaire et d'un genre inconnu en France.
Les personnages sont :

Le maire de Preston et ses deux *baillifs*,
chargés de diriger l'élection ;

M. *Stanley*, de la puissante famille des Derby.
C'est le candidat des whigs. Il a vingt-six ans
environ, une figure agréable, beaucoup de talent, des manières tout-à-fait distinguées, et
une grande fortune : il n'en faut pas tant pour
être sûr d'un bon nombre d'amis ;

Le capitaine *Barrie*, second candidat. Il

passe pour un tory de la vieille roche, c'est-à-
dire plus partisan du lord chancelier que de
M. Canning, du duc de Wellington que de
M. Huskisson. Officier de marine distingué,
son langage est plus franc qu'élégant. Tout le
monde d'ailleurs s'accorde à reconnaître en lui
un homme d'honneur et de courage;

M. *Wood*, avocat de Londres et réformateur
modéré. Sa figure est douce, sa voix un peu
faible, son élocution agréable. Il se présente
comme troisième candidat;

William Cobbett, ci-devant caporal, aujourd'hui pamphlétaire fameux, et radical en-
ragé jusqu'à nouvel ordre. C'est un homme de
soixante ans environ; sa tête est chauve, son teint
échauffé. Rien de plus grossier que ses manières,
de plus commun que son ton. Pour plaire sans
doute à la multitude, on le voit paraître le gilet
ouvert et la poitrine à demi nue. Son sourire a
quelque chose de satanique, si toutefois il sourit
jamais. En un mot, sur sa figure et dans tous
ses mouvements se peint à la fois la méchanceté,
l'orgueil et la bassesse. Le portrait n'est pas flatté;
mais je le crois ressemblant. Tel est le quatrième
candidat. Il y a deux membres à nommer;

Sir *Thomas Beevor*, baronnet du comté de

Suffolk, et l'un des plus zélés soutiens de Cobbett. Il siége presque toujours à ses côtés, et
forme avec lui un contraste parfait. Sa physionomie exprime la douceur ; sa manière de
parler est traînante et un peu féminine. Mais en
y regardant de près, on découvre sous ce calme
apparent bien de l'ardeur et de l'énergie : il y a
deux cents ans, sir Thomas Beevor eût été un
puritain fanatique ;

Huffmann, second aide de camp de Cobbett,
et cordonnier de son métier. Gros, court, la
tête enfoncée entre les épaules, Huffmann est le
maître absolu de la populace : d'un geste il l'en-
flamme et l'apaise ; d'un mot il dirige tous ses
mouvements. Un certain esprit naturel, et beaucoup de ce que les Anglais appellent *humour,*
lui ont assuré cet ascendant ;

Une foule d'amis, huit ou dix avocats, cent
constables, quatre bandes de musiciens et trente
ou quarante porte-étendards ; enfin un corps de
six à sept mille électeurs, composé de tous les
individus mâles et majeurs qui habitent Preston depuis six mois.

La scène se passe devant les croisées de chaque
candidat ; dans une vaste cour carrée et ceinte
d'un double portique, à l'extrémité de laquelle

s'élèvent les hustings, enfin dans les rues, les tavernes, et diverses parties de la ville.

Il semble maintenant, monsieur, que je n'aie plus qu'à laisser l'action se développer par elle-même ; mais quand je suis arrivé à Preston, les deux premiers actes de ce drame étaient joués, et pour vous mettre au fait, une courte exposition me paraît nécessaire. Depuis plus de deux mois, trois des candidats, MM. Stanley, Wood et Cobbett, s'étaient présentés, et le canvass avait eu lieu selon les formes ordinaires. Favorables aux catholiques, qui, je ne sais pourquoi, sont fort nombreux à Preston, tous trois étaient d'accord de ne point exiger le serment de suprématie (1) ; mais, la veille de l'élection, paraît un nouveau candidat, le capitaine Barrie, et le serment fatal est demandé. Jugez de la fureur de Cobbett et de tout son parti ! Aussi le capitaine, en se montrant sur les hustings, a-

____

(1) Les candidats sont libres de demander ou de ne pas demander ce serment, qui seul empêche les catholiques de voter. On y déclare que le Pape n'a aucun pouvoir temporel ni *spirituel,* et que la doctrine de la transubstantiation est une doctrine *damnable.*

t-il pensé être lapidé. La chambre de son comité a été assiégée, forcée, presque démolie, et il a fallu d'incroyables efforts pour le ramener sain et sauf dans son hôtel. Le métier de candidat a quelquefois ses désagréments.

A présent, transportez-vous au troisième jour de l'élection, et suivez-moi sur les hustings dans la loge du maire, d'où nous pouvons parfaitement tout voir et tout entendre. Ici chacun des candidats a son quartier séparé des autres par de fortes balustrades, et, de peur que les électeurs ne se battent, ils entrent eux-mêmes par des portes différentes. La place commence à se remplir d'ouvriers déguenillés et de femmes presque toutes parées des couleurs de Cobbett (vert et blanc). Les avocats siègent au-dessous des candidats, et Cobbett lui-même, debout sur la balustrade qui le sépare du capitaine Barrie, s'attache d'un bras à l'un des piliers des hustings, tandis que de l'autre il agite son chapeau et salue la populace. A peine le maire est-il assis, que M. Stanley demande la parole. Il réclame vivement contre un pamphlet que, la veille, Cobbett a lancé contre lui, le traite de lâche, d'effronté menteur, et finit par l'assurer de son profond mépris. Regardez Cobbett pendant cette vigoureuse apostrophe. Il pâlit, ses lèvres se contractent, et cet homme si hardi lorsqu'il s'agit d'attaquer semble perdre toutes ses facultés dès qu'on ose se mesurer avec lui. Sa réponse n'est qu'un tissu d'absurdités et d'injures ; il balbutie, montre le poing à Stanley, au milieu des acclamations de la multitude, et se sert d'expressions trop grossières pour que je puisse les rapporter sans dégoût. Voilà pourtant le favori des catholiques de Preston. Il est vrai que, suivant lui, la dernière crise financière de l'Angleterre n'est due qu'à Luther et à Calvin.

Le vote universel peut être une très belle chose sur le papier ; mais il a un petit défaut, celui d'être inexécutable. Etablissez-le à Manchester, donnez le droit de voter à une population de cent mille ouvriers, et dites comment vous reconnaîtrez ceux qui appartiennent réellement à la ville ; dites comment vous empêcherez la plus vile canaille d'éloigner du poll tout ce qui ne consentira pas à marcher avec elle. Pour prévenir des rixes continuelles, il a fallu, comme je vous l'ai dit, que le maire de Preston assignât une porte particulière aux partisans de chaque candidat. Ce serait à merveille si, pendant les quinze jours du *poll*, tous les électeurs avaient le temps de voter ; mais comme il n'en peut être ainsi, une telle mesure est évidemment défavorable à Cobbett, qui n'a d'autres voix que celles des gens qu'il amène, tandis que ses concurrents s'en prêtent mutuellement quelques unes. Après plusieurs tentatives pour échapper à cette combinaison, il se détermine à protester, et le fait dans les termes les plus violents. Alors commence une scène de confusion qu'il est impossible de rendre. Tout est en mouvement sur les hustings et dans la place. Les menaces, les injures, volent d'un banc à l'autre ; on semble prêt à en venir aux mains ; la voix du maire est couverte par les horribles clameurs de la populace, que Cobbett et Huffmann ont soin d'encourager. Sir Thomas Beevor obtient un moment de silence, et se présente comme conciliateur, mais en vain. Insulté par Cobbett, le capitaine Barrie veut s'élancer sur lui, et ne cède qu'avec peine aux représentations de ses amis. Plus populaire, M. Wood franchit les hustings, se montre de près au peuple, et accuse Cobbett d'avoir employé la menace contre ceux qui lui refusaient leur voix. Cobbett nie avec fureur ; mais un témoin se présente : c'est un paysan de

soixante ans environ. On le hisse sur les hustings, et là, malgré un épouvantable tumulte,
il confirme l'assertion de Wood. Cobbett alors
n'y peut plus tenir; il s'agite violemment, et sa
voix rauque se fait entendre par-dessus toutes
les autres. Il me semble assister à une séance du
club des Jacobins. De guerre lasse, pourtant, un
peu de calme renaît; Cobbett se retire en menaçant le maire, et le poll commence.

Ici tableau d'un autre genre. Les électeurs
arrivent par quatre avenues distinctes, et quand
ceux de Cobbett ne seraient pas séparés des autres, on les reconnaîtrait aux haillons qui les
couvrent. Beaucoup sont des ouvriers sans ouvrage; mais, vécussent-ils d'aumônes, s'ils ne
reçoivent pas de secours de leur paroisse, ils
sont admis à voter. Tous apportent un certificat
constatant qu'ils ont prêté les serments requis;
et, minutieusement interrogés par les avocats des
autres candidats, ils subissent quelquefois un
examen d'une heure avant d'être reconnus pour
électeurs véritables. Encore sont-ils souvent ac-
ceptés ou rejetés à peu près au hasard. J'admire
la présence d'esprit que déploient, dans ces discussions, de simples artisans; et, pour qui cher-
cherait à s'instruire des mœurs du peuple, rien

ne vaudrait de semblables interrogatoires. De temps en temps les cobbettistes essaient de renverser les barrières. Cobbett, de son hôtel, envoie une nouvelle protestation contre les quatre portes, bien sûr, si on les supprime, d'emporter l'élection d'assaut. Enfin les hustings présentent jusqu'à cinq heures le coup d'œil le plus animé, le plus confus, le plus varié. La bataille de Southwark n'était rien auprès de celle-ci.

Pendant ce temps, une autre scène se passait sur la place du marché. Chaque candidat a sa bande de musiciens et ses bannières, qui, après l'avoir conduit le matin aux hustings, ne cessent, jusqu'à la clôture du poll, de se promener en triomphe à travers la ville. Les étendards de Cobbett et ceux du capitaine Barrie s'étaient rencontrés ; un combat à coups de pierres s'en était suivi, et les amis de Barrie, mis en fuite, n'avaient trouvé d'autre refuge que la maison de ville. Ne croyez-vous pas lire l'histoire de Florence ou de Vérone au moyen âge ? Il fallait pourtant que le capitaine retournât des hustings chez lui, et tout faisait craindre une nouvelle attaque. Elle a en effet eu lieu ; mais, escorté d'une soixantaine de constables, il est parvenu à se faire jour et à regagner ses quartiers. Cepen-

dant le peuple s'assemble sous les fenêtres des divers candidats, qui le haranguent de leur mieux.
Les acclamations et les huées se répondent d'un
bout à l'autre de la ville. Une demi-heure après,
toutes les tavernes sont pleines, et le soir plus
d'un honorable électeur est forcé de se faire porter chez lui. Que dites-vous, monsieur, du suffrage universel ?

Voulez-vous maintenant visiter les coulisses
et examiner de près les ressorts qui font mou-
voir toute la machine? Montez dans la chambre où siége le comité central de l'un des candidats : vous le verrez correspondant avec divers
comités de district chargés de fournir au poll
tant d'électeurs par jour. D'heure en heure, des
messagers vont en commander dix, quinze,
vingt, suivant le besoin. Des agents subalternes
se mettent alors en route. Le lieu de ralliement
est, comme de raison, une taverne dont le maître se fait un plaisir de traiter gratis des hôtes
aussi aimables. De là, on les conduit par bandes
au poll, d'où ils reviennent boire à la santé et
aux dépens du candidat favorisé : car si la corruption est défendue, la reconnaissance ne l'est
pas. Cette vertu-là coûte, dit-on, à M. Stanley
mille louis par jour. Aussi se trouve-t-il con-

stamment placé en tête du poll. Qu'on dise encore que les vertus ne servent à rien dans ce monde !

Par la journée que je vous ai si faiblement décrite, vous pouvez juger de toutes les autres. Il ne faut que changer un peu les incidents, et mettre dans la bouche de M. Cobbett de nouvelles injures et de nouvelles protestations. Mais ce que vous ne sauriez comprendre, c'est l'état de Preston pendant ce grand combat. Une élection dans une ville de trente mille âmes est un tout autre événement qu'à Londres. Il n'y a plus qu'une affaire, plus qu'une pensée ; la fièvre est générale, et les femmes n'en sont pas moins atteintes que les électeurs eux-mêmes : elles se précipitent sur les candidats, leur prennent la main, les étouffent de caresses. Depuis huit heures du matin jusqu'à dix heures du soir, la ville entière retentit du bruit de la musique et des acclamations populaires. Des drapeaux flottent aux fenêtres, et vous ne pouvez vous promener sans que les passants se demandent à quel parti vous appartenez. Si cela durait, aucune tête n'y tiendrait ; et la mienne déjà en est tout étourdie. J'ai grand' peur que vous ne vous en soyez aperçu.

Aujourd'hui pourtant tout est plus tranquille. Le poll continue lentement, et un rhume violent paralyse l'éloquence de Cobbett, au grand désespoir de ses estimables amis. Jusqu'ici Stanley est le premier, Wood le second, Barrie le troisième; Cobbett enfin a la place qu'il est si digne d'occuper. Mais l'élection doit encore durer dix jours, et rien n'est décidé. Quel qu'en soit le résultat, pour tout homme de bon sens, le suffrage universel me paraît jugé. Il y a tout près de Preston un bourg où trois personnes nomment deux membres du parlement. L'un de ces modes est à peu près aussi raisonnable que l'autre.

VIe LETTRE.

ÉLECTION DE LANCASTER. — LÉGITIMITÉ MENACÉE. — MANIFESTES. — ÉLECTEURS DE CAMPAGNE. — M. BLACK-BURNE ET M. NOWELL. — TRIOMPHE DE LA LÉGITIMITÉ. — POLL POUR LA FORME. — CHAIRING. — PILLAGE. — ÉLECTION D'YORK. — NAÏVETÉ D'UN TORY.

Lancaster, 16 juin 1826.

Outre les bourgs pouris, dont le prix varie de 3,000 à 5,000 livres sterling, suivant les temps, il est en Angleterre certaines villes et certains comtés inféodés, pour ainsi dire, à quelques familles, qui finissent par s'y attribuer tous les droits de la légitimité. Venir s'y mesurer avec elles, c'est alors manquer à toutes les bienséances, violer l'ordre établi, compromettre la tranquillité du pays. Tel est, en grande partie, le comté de Chester, apanage de Grosvenor; tel est celui de Lancaster, que les Stanley (comtes de Derby) possèdent à titre de fief électoral, sans que personne ose le leur disputer. Depuis plus de quarante ans, un certain M. Blackburne, ministériel *quand même,* partageait ce privilége; mais hélas! il paraît au moment de lui échapper. La veille même de l'élection, un nouveau prétendant, M. Nowell, s'est présenté, et voici l'un des *légitimes* réduit à défendre son trône : il croyait venir à une fête, et il faut qu'il se prépare au combat. Comme toutes les guerres de dynastie, celle-ci sera curieuse.

Hier les manifestes ont été lancés, et rien n'égale la modestie des deux concurrents. M. Nowell commence par déclarer que sa famille est l'une des plus anciennes du comté, qu'il en est le descendant en ligne directe, et que cette raison, jointe au sentiment de ses talents, l'engage à se mettre sur les rangs. Selon lui, d'ailleurs, M. Blackburne n'est plus capable de remplir ses fonctions, et c'est rendre service au pays aussi bien qu'à lui-même que de lui procurer les douceurs du repos. M. Nowell, enfin, proteste contre l'intention de *déranger* en rien l'honorable famille des Stanley, *l'un des plus grands ornements du comté de Lancaster.* Vous voyez qu'il ne veut pas se brouiller avec tout le monde. M. Blackburne, de son côté, le prend

sur un. ton fort élevé. Il ne conçoit pas comment, ayant siégé quarante-deux ans dans le
parlement, il n'y siégerait pas quarante-neuf.
Mais ce qui le révolte, c'est qu'un homme qui
n'a pas une grande fortune en fonds de terre se
permette de *venir troubler la paix du comté*,
et usurper des droits si anciennement consacrés.
Du reste, pas un mot d'opinions ni de principes : c'est ce dont les candidats et les électeurs
paraissent s'occuper le moins. Les uns briguent
un siége au parlement comme ils demanderaient
une loge à l'Opéra italien, ou une place de
maître de la garde-robe ; et il semble que les
autres le donnent de même, par convenance
et arrangement. A côté de M. Blackburne
figure en première ligne sir Thomas Hesketh,
beau parleur, et riche propriétaire connu pour
aspirer à la succession de son honorable ami. Il
se trouve, dit-il, par la candidature de M.
Nowell, placé dans une situation sans exemple
(*unprecedented situation*), dans une situation
que l'Angleterre doit apprécier. Cependant il
fera son devoir, et votera pour M. Blackburne
avec tous les gens comme il faut. Autour de
M. Nowell, au contraire, se groupent de plus
modestes électeurs, de ceux que la langue dédai-

gneuse de l'aristocratie désigne par le nom de *no body* (personne). Aussi faut-il voir de quel air on les traite. Mais je ne veux point vous arrêter aux affaires d'avant-postes, et je me jette tout de suite au fort de la mêlée. Ce matin, à dix heures, cinq cents personnes environ étaient rassemblées dans une vaste salle, ordinairement destinée aux assises. Mais si la population des campagnes est plus morale que celle des villes, combien, en revanche, elle est moins intelligente! L'auditoire se composait, j'en suis persuadé, des plus honnêtes gens du monde, et c'est tout au plus si ces honnêtes gens paraissaient comprendre le but de leur réunion. Quant aux orateurs, c'étaient tous des country-gentlemen d'un aspect fort respectable; mais le plus mince artisan de Southwark ou de Preston s'exprime mieux, et paraît plus au fait de l'état du pays. Au lieu des grandes et importantes questions qui occupent l'Angleterre, nous n'avons entendu parler que des cheveux blancs de M. Blackburne, et de l'illustre famille de Stanley. Quelques uns, se hasardant jusqu'à établir la nécessité d'une opposition, en ont conclu que le comble de la sagesse était de nommer deux membres de principes opposés, lord Stanley et

M. Blackburne, par exemple. Enfin, un discours tout entier a été consacré à définir ce qui
sépare les whigs et les torys, c'est-à-dire deux
partis qui n'existent plus que de nom. Mais de
l'émancipation catholique, des lois céréales, de
l'abolition de l'esclavage, de la réforme parlementaire, rien, absolument rien. Je croyais depuis deux jours avoir reculé de deux siècles.

Cependant, après toutes ces belles choses, M.
Nowell a été dûment proposé; et bien qu'il n'en
ait pas plus dit que les autres, le *show of hands*
(vote par mains levées) a été en sa faveur. Grande
fureur de la *gentry*, qui, réunie en masse derrière M. Blackburne, traitait de factieux le nouveau candidat, et s'indignait que, sans sa permission, il osât se mettre sur les rangs. Un poll
a donc été demandé, et c'est demain qu'il commence. Dans les comtés, comme je vous l'ai dit,
tout franc-tenancier dont la propriété rapporte
quarante shellings net par an est électeur. Or dans
le Lancashire il y en a, dit-on, quarante mille
de cette sorte. Quelle belle matière électorale à
travailler, et quel dommage que la main-d'œuvre soit si chère! Comme M. Blackburne n'est
pas riche, il a paru une liste d'amis qui, pour
le soutenir, s'engagent à transporter à leurs frais

autant d'électeurs qu'ils en pourront rassembler.
De son côté, M. Nowell fait de grands préparatifs. Des agents partent en poste pour organiser des comités dans toutes les parties du
comté. On se pourvoit de logements, de chevaux et de voitures pour les électeurs; les tavernes font des provisions, et les habitants de Lancaster savourent d'avance l'ale et le porter, qui,
pendant quinze jours, vont couler à grands flots.
L'élection du Lancashire n'avait pas été contestée depuis plus de cent ans : il n'est pas étonnant
qu'ils soient si fort altérés.

17 juin.

Au moment où je finissais hier de vous écrire,
un placard annonçait, au nom du comité de M.
Blackburne, qu'il n'y aurait pas de *contest*, et
que M. Nowell se retirait. Jugez de l'étonnement général. On croit que le prétendant a été
effrayé de la puissante coalition formée contre
lui, et que, désespérant de vaincre, il a préféré
éviter le combat. Le peuple pourtant n'a pas vu
paisiblement s'évanouir ses espérances. Ceux
même qui, la veille, avaient porté M. Nowell

en triomphe, se sont rassemblés sous ses fenêtres
en poussant des cris de rage. Il a été insulté,
maltraité, et sa voiture mise en pièces. Pour le
tirer de la ville, il a fallu que le maire se plaçât
sur le siége du cocher, et que lord Stanley mon-
tât sur un perron pour haranguer les mutins. Le
soir, la ville présentait un aspect de confusion
tout-à-fait singulier, et les pierres cherchaient
plus encore les amis de M. Nowell que ceux de
M. Blackburne. Par un curieux privilége, ces
désordres, qui à toute autre époque seraient
punis sévèrement, passent maintenant inaperçus.
Les élections sont bien les saturnales de la liberté : c'est pourquoi sans doute tout se borne
souvent à une mascarade.

Quand le poll est resté ouvert pendant une
heure sans que personne se soit présenté pour
voter, on le ferme, et tout est fini. Ce matin
donc un poll de quelques minutes a eu lieu pour
la forme, et lord Stanley, ainsi que M. Blackburne, ont été élus à l'unanimité. Aussitôt on
leur a ceint l'épée (1), et le *chairing* a commencé.

---

(1) Les représentants des comtés (*knights of the shire*)
faisaient autrefois partie de la noblesse. C'est pourquoi

De toutes les cérémonies électorales, c'est l'une des plus curieuses, et quand l'élection n'a pas été une plaisanterie, elle doit avoir quelque chose de fort solennel.

Deux fauteuils de forme antique, drapés avec élégance, attendent les nouveaux M. P. (membres du parlement). Ils s'y placent, et, portés sur les épaules de leurs amis, parcourent la ville en triomphe. Que *Charlet* n'était-il à ma place aujourd'hui ! comme son crayon eût saisi cette longue procession mêlée de sérieux et de burlesque ; ces musiciens chamarrés de rubans, et à demi ivres ; ces porte-étendards chancelants, faisant, avec une grâce toute particulière, passer leur bannière d'une main à l'autre ; enfin, les triomphateurs eux-mêmes, qui, l'un assis modestement, l'autre debout, saluaient à droite et à gauche, et adressaient quelques mots à la foule. On descend ordinairement d'un char de triomphe plus aisément qu'on n'y

on leur ceignait l'épée et on leur chaussait les éperons. Le premier de ces usages s'est maintenu partout ; le second dans quelques comtés seulement, par exemple à Carlisle.

monte. A peine le cortége s'arrête-t-il, qu'en vertu d'un vieil usage, le peuple se précipite sur le pavois qui tout à l'heure cheminait paisiblement au-dessus de sa tête. Draperies, franges, boiserie même, en un clin d'œil tout est mis en pièces : chacun tient à honneur d'en emporter un morceau. Aussi chaque lambeau devient-il bientôt deux ou trois lambeaux, qui ne tardent pas eux-mêmes à se multiplier. C'est une démolition qui ne profite à personne; mais il y a tant de plaisir à démolir! Vous vous figurez, au milieu de tout ce tumulte, la situation de l'infortuné triomphateur. C'est tout au plus s'il peut s'en tirer sain et sauf; et qui ne connaîtrait pas l'usage tremblerait pour sa vie, tant la joie du peuple ressemble souvent à sa fureur. Cependant, après bien des coups de poing donnés et reçus, on se sépare, et des groupes d'ouvriers parodient le *chairing* en portant un des leurs en triomphe. Encore une fois, que Charlet n'était-il à ma place! *l'Entrée du spectacle gratis* aurait eu un pendant.

Après l'élection de Preston, celle de Lancaster vous paraît peut-être assez insignifiante. C'est pourtant un *specimen* de ce qui se passe dans plus d'un comté; c'est une clé qui sert à expli-

quer bien des choses. On compte dans le Lancashire quarante mille *freeholders*, et soixante
personnes y font l'élection. N'est-ce pas une
preuve que souvent, plus il y a d'électeurs de
droit, moins il y en a de fait. Indépendamment de la corruption, il faut à tous ces bons
paysans des logements, des voitures, et trois
ou quatre repas par jour ; et dans certains comtés un candidat ne peut réussir à moins de
quatre-vingt ou cent mille livres sterling. Vous
sentez qu'il n'y a pas beaucoup de concurrence,
et qu'un corps de riches propriétaires bien uni
n'a qu'à commander. Aussi les membres en possession s'arrangent-ils souvent, quoique de différents partis, pour se soutenir mutuellement et
écarter toute prétention nouvelle. C'est ce qui
vient d'arriver à York, où, le même jour, les
mêmes voix ont nommé lord Milton et M. Marshall, libéraux prononcés, et MM. Duncombe et
Wilson, torys à la Castlereagh. Un M. *Bethell*
s'était pourtant présenté, qui pouvait à peu près
compter sur la majorité. Mais il fallait se ruiner,
et il y a renoncé. « Voilà le beau de notre con-
« stitution », me disait, il y a deux jours, un
de ces torys qui ressemblent beaucoup à nos ul-
tras : « ainsi l'on est sûr de ne voir arriver à

« la chambre des communes que des hommes
« fort riches (*gentlemen of large fortunes*). »
Mais alors pourquoi ne pas vendre les places
à l'enchère ? Ce serait plus court et tout aussi
certain.

VIIe LETTRE.

ÉLECTION DE WESTMORELAND. — LORD LONDSDALE ET M. BROUGHAM. — HABITS GRIS DU WESTMORELAND. — ASPECT D'APPLEBY. — PLAINTES D'ÉLECTEURS. — RUSE ÉLECTORALE. — NO POPERY.

Appleby (Westmoreland), 21 juin 1826.

C'est une belle chose, monsieur, qu'une riche aristocratie. Recueillir seul toute la succession de son père ; avoir palais à la ville et château gothique à la campagne ; chasser sur ses propres terres et sur celles de ses voisins sans réciprocité ; entretenir cent chevaux, cinquante domestiques, trois mille chevreuils, et cent coqs ; placer dans le parlement ses enfants et ses amis dès qu'ils sont majeurs, quoi de plus doux ! et qui ne sent les bienfaits d'un tel ordre de choses ? Voyez lord Londsdale, chef de la famille des *Lowther* : le tiers du Westmoreland lui appartient ; c'est presque un

royaume où il commande en maître. Outre ses
deux fils, il envoie à la chambre des communes
neuf individus, qu'on appelle plaisamment *son
jeu de quilles*. Enfin, il dispose d'autant de
places que s'il était ministre ; et tous ces avantages, il les léguera à son fils aîné, comme il
les a reçus de ses pères. Encore une fois, c'est
une admirable chose que l'aristocratie, et l'Angleterre a bien raison d'y tenir !

Il serait pourtant curieux qu'un simple avocat
renversât cet échafaudage, et, pour parler
comme dans le pays, qu'un nouveau David ter-
rassât ces nouveaux Goliath. C'est ce que tente
en ce moment Henri Brougham, homme trop
célèbre pour que j'aie besoin de rien ajouter à
son nom. Depuis fort long-temps, deux des
Lowther sont en possession du comté de Westmoreland : eh bien ! avec un courage au-dessus
de tout éloge, M. Brougham entreprend de les
en chasser. Il faut, grâce à lui, que cette orgueilleuse famille aille briguer les suffrages du
peuple, qu'elle vienne sur les hustings affronter
les huées des électeurs, qu'elle s'y entende reprocher son servile dévouement au pouvoir et
son altière domination sur le pays. Mise en quelque sorte en jugement, il faut qu'elle plaide

elle-même sa cause; et devant qui? devant des paysans, des fermiers, je dirais presque des vassaux. Quel désespoir, d'ailleurs, de voir soumettre au simple bon sens des montagnards du Westmoreland les grandes questions qu'on voudrait tenir sous le boisseau; de sentir que la population s'éclaire par degrés, et qu'un jour peut-être elle se trouvera assez grande pour marcher sans lisières! Tout cela fait frémir, et je ne m'étonne pas que les Lowther reprochent si vivement à M. Brougham *de venir troubler la paix du comté*. Le comté était bien plus tranquille quand, de son cabinet, lord Londsdale nommait ses deux fils pour le représenter : c'était l'âge d'or, le règne de la famille. Quel mauvais génie a donc terminé cette ère de calme et de bonheur.

Il existe ici une classe d'hommes toute particulière : ce sont d'honnêtes propriétaires, fort riches pour la plupart, mais qui sont restés tout-à-fait paysans. Quelque fortune qu'ils aient amassée ou que leur père leur ait transmise, ils labourent eux-mêmes la terre, dînent avec leurs domestiques, et sont vêtus comme eux. On les appelle les *grey-coats* (habits gris) du Westmoreland. Comme ces braves gens ne sont point fermiers de lord Londsdale, et ne demandent

pas de place, ils se sont avisés un jour de vouloir choisir eux-mêmes leur mandataire. Mais
la puissance des Lowther effrayait ; il était difficile de trouver un champion ; et M. Brougham
seul, soutenu par lord Thanet, a osé être le
leur. En 1818, le nombre a accablé le nouveau
parti bleu (c'est ici la couleur des libéraux,
comme à Preston celle des torys) ; en 1820, il
n'a perdu que de soixante voix ; et sans doute il
l'emporterait aujourd'hui, si, depuis la dernière
élection, les Lowther, par des concessions à
vie ou à perpétuité, n'avaient porté à près de
quatre mille le nombre des *freeholders*, qui n'é-
tait alors que de deux mille huit cents. Mais
peut-être quelques uns seront-ils comme nos
pairs, qui, une fois créés, ne se font pas toujours scrupule de tourner le dos à leur créa-
teur. Quoi qu'il en soit, en 1818, les Lowther
avaient dépensé 36,000 livres sterling environ
(900,000 francs), et les Brougham 8,000
seulement (200,000 francs). L'élection de
1820 a coûté aux premiers 20,000 livres sterling (500,000 francs), et 14,000 livres sterling
(350,000 francs) aux seconds, ce qui n'a pas
empêché une nouvelle souscription de s'ouvrir,
et de fournir aux bleus les moyens de recom-

mencer la lutte. Ainsi , en peu d'années , voilà près d'un million donné par le plus petit comté de l'Angleterre pour reconquérir son indépendance politique. Quel sacrifice de l'intérêt à l'opinion ! Les Lowther ont beau faire , il y a quelqu'un de plus riche que la plus riche famille : c'est tout le monde. Peut-être triompheront-ils cette fois ; mais encore une victoire semblable , et ils sont perdus.

C'est à Appleby, entre Penrith et Kendal, que l'élection a lieu ; et comme cette ville est fort petite, les deux partis l'ont louée tout entière, de sorte que, sans la permission de l'un d'eux, on ne peut y trouver ni un lit ni un dîner. Il n'y a point d'ailleurs de neutralité possible ; il faut être Brougham ou Lowther. Les boutiques elles-mêmes ont une opinion, et ne vendent des rubans que d'une couleur. Enfin de petits drapeaux suspendus au-dessus de la porte des cabarets annoncent aux électeurs où ils peuvent nourrir leur enthousiasme et arroser leur patriotisme. Malgré ces démonstrations, tout est encore fort tranquille ; on s'assemble par groupes bleus ou jaunes ; mais sans se quereller. Il n'y a d'autres luttes que celles de cinq ou six bandes de musiciens qui, bannières en tête, se promènent fièrement dans l'unique rue d'Appleby, s'y rencontrent, s'y croisent, et, par la confusion des airs qu'ils jouent, produisent le plus étrange charivari. Pendant ce temps, les candidats et leurs comités visitent la campagne, pour y faire des recrues ; et, à chaque instant, des voitures ou des chariots apportent des bandes d'électeurs, qui sont aussitôt comptés, parqués, et abondamment pourvus d'ale et de porter. J'en ai vu quatre venir au château d'Appleby, quartier général de M. Brougham, se plaindre, bien qu'à demi ivres, qu'on ne leur donnât que de l'eau. «Ce n'est pas, disaient-ils, « pour boire de l'eau que nous sommes venus à « Appleby. Voyez ceux des Lowther : ils sont « à manger, à boire, à s'amuser ; et on ne nous « donne que de l'eau ! cela est-il convenable ? » Voilà pourtant les hommes qui demain doivent nommer les représentants du comté ! Convenez qu'ils seront parfaitement disposés à donner un vote libre et consciencieux. Les partisans de M. Brougham montrent pourtant, en général, un zèle plus désintéressé que ceux des Lowther ; beaucoup viennent à pied, tandis qu'il faut nécessairement amener les autres à grands frais. Aussi, dans ces sortes d'élections, souvent ne trouve-t-on à dix lieues à la ronde ni un cheval ni une voiture : tout est pris, tout est retenu d'avance ; et dût-on ne pas s'en servir, on a du moins le plaisir d'en priver son concurrent. Il y a quelques années, un des candidats de Durham avait frété un brick pour transporter ses électeurs. Il en attendait ainsi au jour marqué cent cinquante, qui devaient assurer sa victoire. Mais son rival en est instruit ; il gagne le capitaine, qui fait voile pour la Hollande ; et au lieu de Durham, c'est à Amsterdam qu'arrive le troupeau électoral. Que dites-vous de ce tour ? Ne vaut-il pas tous ceux de nos préfets ? Ici au moins la partie est égale, et malheur au fonctionnaire public qui s'en mêlerait.

Demain est le premier jour de la lutte : je vous en rendrai compte dans une prochaine lettre. Déjà les hustings sont dressés : c'est ici un échafaudage fort élevé, avec trois tribunes pour les trois candidats. Les votes se recueillent par district, dans quatre baraques en bois, qu'on appelle *booths*, et qui ressemblent tout-à-fait à des boutiques foraines. Je n'ai pas besoin de vous dire que c'est encore le cri de *No popery* que l'on opposera à M. Brougham : il est placardé sur les murailles, inscrit sur les drapeaux des Lowther, et toute une armée de prêtres le colporte de ville en ville, de maison en maison : car les églises établies (*established churches*) sont partout les mêmes, et le catholicisme anglican n'a rien à reprocher, en fait d'intolérance, au catholicisme romain. L'exemple de Southwark semble, au reste, avoir profité : partout où le cri de *No popery* a été franchement attaqué, il est tombé dans le ridicule et le mépris. Mais, pour bien des gens, *No popery* est le prétexte, et vingt guinées la cause : il y a tant de moyens d'éluder la loi ! Je vous en ai signalé quelques uns ; mais chaque jour j'en apprends de nouveaux. A Sudbury, par exemple, pendant l'élection, quatre choux se sont vendus dix livres sterling, et un plat de groseilles vingt-cinq : ils appartenaient à un électeur. A Marlow, au contraire, on a donné pour un penny (deux sous) une truie et neuf petits cochons : c'était un électeur qui les achetait.

VIIIe LETTRE.

SUITE DE L'ÉLECTION DU WESTMORELAND. — M. BROUG-
HAM ET LES LOWTHER SUR LES HUSTINGS. — PORTRAIT
DE M. BROUGHAM. — DISTRIBUTION DE VIVRES. — DINER
PUBLIC. — IVRESSE GÉNÉRALE. — BON MOT POPULAIRE.
— TRAVAUX NOCTURNES. — INTERROGATOIRE D'UN
ÉLECTEUR. — COMBAT RÉGULIER. — TRÈVE. — ROUTE
DE PENRITH. — SERVANTE D'AUBERGE.

Appleby (Westmoreland), 23 juin 1826.

J'ai souvent maudit la manie de ces voyageurs
qui regardent comme fort intéressant tout ce qui
les intéresse, et ne font grâce au lecteur ni d'un
dîner, ni d'une promenade. Je crains fort de
m'exposer aujourd'hui aux mêmes reproches.
Pour qui les voit, il y a d'une élection à l'autre
de très grandes différences; mais, racontées, elles
se ressemblent beaucoup. Toujours, par exemple, les candidats sont proposés par un de leurs
amis et appuyés par un autre; toujours ils doivent haranguer eux-mêmes les électeurs, et, fus-

sent-ils sûrs d'être vaincus, dire qu'ils sont certains du succès. Qu'après cela ils montrent plus
ou moins d'assurance, que la foule les applaudisse
ou les siffle, qu'il y ait des têtes cassées ou qu'il
n'y en ait pas, ce sont des variantes peu importantes quand on est à deux cents lieues du combat.
Cependant une élection de comté a un tout autre
caractère qu'une élection de bourg; et c'est ce
qui me détermine à vous rendre encore compte
de celle d'Appleby. Rien d'ailleurs de ce qui re-
garde M. Brougham ne peut être tout-à-fait in-
différent.

Après l'ale, les discours sont ce que les Anglais
aiment le mieux; et cette soif se manifestait bien
vivement dans la multitude rassemblée hier matin autour des hustings. Dans tous les groupes,
des hommes, dont quelques uns étaient couverts
de haillons, répétaient le nom de M. Brougham,
louaient son talent, citaient les principaux actes
de sa vie parlementaire. Aussi, quand il a paru,
des acclamations presque unanimes l'ont-elles
accueilli, tandis que bon nombre de huées saluaient ses concurrents. Lord Lowther est un
petit homme qui parle comme un grand seigneur
destiné à avoir un million de revenu. Son frère
le colonel, un peu plus grand de taille, est, sous

tous les autres rapports, exactement de niveau avec lui. Jugez combien ces deux illustres personnages devaient se trouver à leur aise en présence de Henri Brougham. Cependant, soutenus par une bande d'amis bien disciplinés, ils essaient de balbutier quelques mots. Mais de la foule partent à chaque instant les réflexions les plus amères, les épithètes les plus piquantes. On sent que le peuple se venge d'une longue contrainte. Quel plaisir pour lui de voir paraître à son tribunal les propriétaires du magnifique château qui domine tout le pays! quel triomphe de les entendre solliciter son indulgence et mendier ses suffrages! C'est le monde renversé. Pendant sept ans, d'ailleurs, il n'a que cette occasion de siffler légalement ses maîtres : comment n'en profiterait-il pas? Peut-être après-demain faudra-t-il qu'il se courbe devant eux ; mais aujourd'hui c'est à eux à se courber ; et pour le peuple, comme pour les enfants, aujourd'hui, c'est toujours.

Quant les Lowther ont fini, un profond silence s'établit, et ces mots circulent de bouche en bouche : « Le voici. — C'est lui. — Comme « il va les arranger. — Je resterais ici toute la « nuit pour l'entendre. — *Brougham for ever.* »

M. Brougham ôte son chapeau, fait signe de la main, et prend la parole. Je ne sais si vous connaissez M. Brougham. Sa figure est loin d'être belle, et un mouvement convulsif de la lèvre supérieure lui donne quelque chose d'extraordinaire; mais il y a tant d'expression dans son regard, de noblesse dans ses gestes, de mordant dans sa voix, que l'orateur captive indépendamment du discours, mérite inappréciable quand il s'agit moins de traiter les questions à fond que de les emporter d'assaut. Doué d'un esprit qui embrasse à la fois toutes sortes de connaissances, d'une éloquence qui se plie à tous les tons, M. Brougham d'ailleurs sait ce qu'il faut au peuple, et excelle à le lui donner. Quand il se défend de l'accusation de papisme, je défie les plus zélés anglicans de ne pas rire à leurs propres dépens; et, de toute l'assemblée, les Lowther seuls semblaient ne pas trouver bonnes ses plaisanteries sur leur éloquence, et sur cet incroyable appétit qui, si le comté de Westmoreland avait six députés à nommer, les leur ferait dévorer tous les six. Si vous voulez lire ce discours, vous le trouverez littéralement dans les journaux politiques. Je ne veux vous parler ici que de son effet : il m'a paru général. Aussi le vote par mains levées a-t-il été tout en faveur du talent. J'ai grand' peur qu'au poll la naissance et la fortune ne reprennent leur ascendant.

Pendant les élections, vous ai-je déjà dit, les électeurs que l'on déplace vivent aux dépens des candidats : ce serait *bribery* que de leur donner deux shillings en argent ; mais en comestibles, on peut être aussi généreux que l'on veut, grâce sans doute à cette maxime évangélique, que ce qui passe par la bouche ne souille point le cœur. Pour mettre un peu d'ordre dans ce désordre, voici comme on s'y prend ordinairement : chaque électeur reçoit un billet pour son déjeuner, un autre pour son dîner, et un troisième pour souper ; enfin autant de billets qu'il veut pour des verres d'ale et de porter, et vous sentez qu'il n'en veut pas peu. Ce sont des lettres de change payables à vue, que les aubergistes ne manquent jamais d'acquitter. De leurs mains, elles reviennent au comité central, qui, chaque soir, règle les comptes. Les *bleus* ont en outre une table d'hôte où chacun paie sa dépense, et dont M. Brougham est président. C'est là que se réunissent les officiers et sous-officiers de l'élection, là qu'ils tiennent grand conseil, et prennent les ordres pour le lendemain. J'ai assisté hier à un de ces dîners, et c'est une chose fort curieuse. Dans un immense grenier décoré du nom de salle, deux tables en bois grossier rassemblent 120 personnes environ. Là, point de distinction; le pair du royaume s'assied à côté du paysan, le possesseur de cent mille livres de rente auprès du freeholder à quarante shillings de revenu. Au dessert, arrivent les toasts, qui sont la partie importante. *The cause*, tel est le premier que M. Brougham a porté; puis sont venues les santés des amis les plus chauds, qui toutes ont donné lieu à de petits discours sérieux ou piquants. Nous nous étonnons quelquefois que les Anglais parlent en public mieux que nous. Leur talent pourtant n'est pas inné; mais dans ce pays, où tout tend à pousser toutes les facultés au dehors, ils ont mille occasions de l'exercer, et il est curieux de le suivre par tous les degrés où il passe. Avant la chambre des communes, il y a les *county meetings*; avant les *county meetings*, une foule de réunions où se traitent hautement les affaires publiques et particulières; avant ces réunions, de grands dîners, qui sont pour ainsi dire le premier échelon. Ainsi disparaît insensiblement la timidité inséparable de tout début. Quelquefois, j'en conviens, ces dîners ont quelque chose de

formel et de froid; les toasts s'y succèdent mé-
thodiquement, comme des litanies, et les *houras*, neuf fois répétés (*three times three*) à un
signal donné, ressemblent à un bruyant exer-
cice commandé par un officier consommé. C'est
presque toujours quand le président est un de ces
torys à principes inflexibles, qui croiraient la
constitution perdue si au dix-neuvième siècle on
ne buvait pas exactement comme au quinzième.

Le soir, il n'y avait pas dans Appleby un seul
électeur qui marchât droit. Jugez de l'effet que
devait produire toute cette population chance-
lante ou étendue par groupes au milieu de la rue.
Pour peu que cela dure, il n'y aura plus dans
huit jours rien à boire dans le comté. Pour bien
voir une élection, une petite ville vaut d'ailleurs
mieux qu'une grande. Tout y est concentré sur
un seul point, et en cinq minutes on peut entendre un discours, assister au poll, voir les agents
des candidats courir de taverne en taverne pour
rassembler les électeurs, donner par la fenêtre un
coup d'œil à leurs repas, recevoir enfin quelques
douzaines de pierres et de coups de bâton. En
masse, une élection de bourg me paraît plus
bruyante le matin, une élection de comté plus
bruyante le soir; dans la première on comprend

mieux, on boit davantage dans la seconde. Il
s'en faut pourtant que les *freeholders* du Westmoreland soient aussi pesants que ceux des en-
virons de Lancaster : soit que l'air vif des montagnes aiguise leur esprit, ou que M. Brougham
ait su les électriser, j'ai retrouvé en eux quelque
chose de cette promptitude de conception, de
cette vivacité de repartie que j'avais admirée à
Southwark et Preston. Il s'établit souvent entre
les candidats et des hommes de la dernière classe
du peuple des conversations tout-à-fait singu-
lières. « Voilà leur couleur, M. Brougham, »
criait hier, en montrant ses cheveux d'un rouge
jaune, un mendiant placé sous les hustings;
« mais c'est une maudite couleur (*but t'is a*
« *damned bad colour*). » Ce qui m'a frappé surtout, c'est, au cri de *No popery*, d'entendre répondre par celui de *No slave trade, no slavery* (point
d'esclavage). Élevez ce cri à Paris ou à Lyon :
sur cent personnes, combien y feront attention ?
Ici, au fond du Westmoreland, comme à Manchester et à Liverpool, il n'en est pas de plus
populaire. Voilà encore une des horribles conséquences de l'éducation des basses classes.

Peut-être croyez-vous, monsieur, que la nuit
vient interrompre les fatigues de l'élection : dé-

trompez-vous; et quand le zèle des électeurs commence à se refroidir, voyez l'infortuné candidat parcourir leurs quartiers, les haranguer, les exciter au combat. Ce n'est pas tout : dès trois heures du matin, de chauds amis vont se placer dans l'enceinte des *booths*, tandis que d'autres les font entourer par des hommes robustes qui puissent le lendemain en assurer l'accès à leurs partisans. Enfin la clarté de quelques lampes annonce que le comité veille, et se prépare pour le lendemain. De la tactique nocturne, voilà tout ce qui se passe publiquement; quant au reste, il faudrait, pour le dévoiler, la magie d'Asmodée, et je n'ai pas, comme lui, le secret d'enlever les toits des maisons. S'il veut bien me le communiquer, je vous en dirai davantage.

Penrith, 24 juin 1826.

Voici l'interrogatoire qu'a subi ce matin, à *l'assessor's court* (1), l'un des électeurs de lord Lowther. — « Qui êtes-vous? — Domestique

____

(1) L'*assessor* est un délégué de lord Thanet, shériff héréditaire du comté. C'est lui qui prononce sur les cas difficiles.

« chez lord Lowther. — Vous êtes *freeholder?*
« — Oui. — Où est votre *freehold?* — Près de
« Kendal. — Connaissez-vous votre *freehold?*
« — Non : je n'y ai jamais été ; je le loue. —
« — Connaissez-vous votre locataire? — Non.
« — Qui vous paie votre rente? — L'intendant
« de lord Lowther. »

Ces huit lignes sont un résumé complet de l'é-
lection du Westmoreland, et c'est ainsi que
depuis six ans mille électeurs environ ont été
mis au monde. Joignez à cela qu'en arrivant à
Appleby, les *jaunes* sont tous conduits dans une
vaste cour qui se ferme sur eux et ne les laisse
sortir que pour aller voter, tandis que les soldats de M. Brougham, pour la plupart volon-
taires, ne peuvent être soumis à une telle discipline, et l'issue du combat ne vous paraîtra pas
douteuse. M. Brougham est déjà de soixante
voix en arrière. L'élection d'ailleurs se poursuit
de part et d'autre avec beaucoup d'activité. Hier,
les drapeaux des Lowther, qui portaient les
mots de *No popery,* ont été mis en pièces par
les *bleus.* Les jaunes ont voulu prendre aujour-
d'hui leur revanche, et une escarmouche assez
sérieuse s'en est suivie. Spectateur du combat,
je puis vous en donner le bulletin.

La matinée avait été tranquille ; mais à quatre heures, quand l'ale et le soleil échauffaient toutes les têtes, un jaune s'est avisé de monter sur les hustings, et d'adresser aux bleus une vive apostrophe. Aussitôt cents broughamistes s'élancent sur lui, l'arrachent de la tribune, et, malgré sa résistance, le jettent en bas. De toutes parts on court aux armes, c'est-à-dire aux bâtons et aux pierres : on se procure les uns en brisant les supports de quelques échoppes, les autres en dépavant la rue, et la mêlée commence. Les deux partis s'étaient organisés comme deux armées : postés aux extrémités de la rue, ils faisaient l'un contre l'autre des charges régulières. Tantôt vainqueurs, tantôt vaincus, nous les voyions successivement passer en désordre et repasser triomphants. En un clin d'œil, des deux hôtels, quartiers généraux des deux partis, il n'est resté que les murailles; les portes, les fenêtres, tout a été brisé; et ce n'est qu'en se défendant à coups de bouteille que les assiégés ont sauvé l'intérieur. Les hustings eux-mêmes ont plus d'une fois changé de maître. Cette petite guerre civile, légalement organisée à certaines époques périodiques, doit vous paraître fort étrange. Mais ce qui l'est encore plus, c'est le peu de compte qu'on en tient. « *You'll have some fun* (1), vous dit-on tranquillement; et toute la population se met aux fenêtres pour regarder le spectacle. A peine en paraît-elle émue; peu s'en faut qu'elle n'applaudisse les vainqueurs et ne siffle les vaincus; et sauf quelques marchands qui ferment leurs boutiques, personne ne donne le moindre signe d'inquiétude ni d'étonnement. Chacun sait que l'agitation n'est qu'à la surface. C'est une soupape par où s'échappe le trop-plein des passions populaires: l'explosion ne serait à craindre que si on la fermait.

Cependant, grâce à l'intervention de quelques gentlemen, une trève a été conclue; les blessés ont été se faire panser, et l'un d'eux, s'étant, dit-on, maladroitement adressé à un chirurgien du parti contraire, n'a pu en obtenir le plus petit emplâtre. Pour achever de calmer l'irritation, les Lowther ont parlé des hustings avec leur éloquence ordinaire, et M. Brougham a donné aux siens un conseil qui se réduit à ceci : « Ne commencez jamais; mais s'ils commencent,

---

(1) Vous allez avoir du divertissement.

« faites-les-en repentir. » Une heure après, on ne se serait pas douté qu'il y eût eu du bruit : tout s'était apaisé sans gendarmes ni dragons. Il est d'autres pays où le gouvernement tremble et sévit dès que quatre hommes sont assemblés ou que le cri le plus légal sort à la fois de trois bouches. Des deux systèmes lequel est le plus sûr ?

Comme nous voulons assister au dénouement de l'élection de Preston, nous avons ce soir quitté Appleby. Toute la route de cette ville à Penrith était couverte d'électeurs jaunes ou bleus, les uns entassés dans des charrettes, les autres rapidement tirés par des chevaux de poste, ou groupés par étages sur des *stage-coaches*. Tous portaient des cocardes au chapeau ou des drapeaux à la main, et l'on ne passait pas les uns devant les autres sans se saluer par les cris de *yellow* et de *blue*, accompagnés d'acclamations ou de huées. A chaque instant, les habitants des maisons voisines venaient s'informer de l'état du poll, et des messagers recruteurs, montés sur des chevaux chamarrés de rubans, passaient ou repassaient dans toutes les directions. L'un d'eux, qui s'était attaché à notre voiture, a fini par nous offrir poliment des contre-marques de déjeuner et de souper ; quant à celles de dîner, elles sont plus rares. Les jaunes ont en outre des billets avec lesquels, pendant toute l'élection, on peut boire gratis dans toutes les tavernes jaunes du pays : jugez des comptes qu'ils recevront quand tout sera fini.

Les auberges à dix lieues à la ronde sont en-rôlées par le comité des Lowther ou par celui de M. Brougham; et un beau drapeau jaune suspendu à la fenêtre de celle où nous voulions descendre à Penrith nous en a fait choisir une moins bonne : n'est-ce pas là un admirable dé-vouement? A peine, au reste, avions-nous mis le pied sur le marche-pied que déjà : « Eh bien! « messieurs, vous venez d'Appleby. Nous som-« mes en arrière; mais le poll n'est pas fini : « Brougham a de la persévérance, et nous chas-« serons ces Lowther. » Vous croyez que cette voix était au moins la voix du maître d'école ou du barbier de Penrith : c'était celle de la servante d'auberge.

IXᵉ LETTRE.

FIN DE L'ÉLECTION DE PRESTON. — DÉFAITE DE COBBETT. — NOUVELLE LUTTE. — TRIOMPHE DE WOOD. — CHAI-RING. — PROCESSION DE CATHOLIQUES. — HARANGUES PAR LA FENÊTRE. — DINER DE RADICAUX. — RÉFUGIÉ PIÉMONTAIS. — COMPLIMENT D'UN RADICAL. — OEUVRES DE PITT. — SUFFRAGE UNIVERSEL. — DERNIER MOT SUR COBBETT.

Preston, 27 juin 1826.

Vous connaissez ces vieilles comédies espagnoles où les situations et les ruses se succèdent, se mêlent, se croisent avec une rapidité étourdissante, et dont on ne peut prévoir le dénouement avant que tout soit fini ; telle est à peu près une élection contestée. La diplomatie n'a pas de ressorts plus compliqués, une révolution de changements plus subits ; et qui a été chef d'un comité central serait digne d'être premier ministre. Quand je suis parti de Preston, par

exemple, Cobbett était le héros de la multitude
et l'ennemi commun de tout le reste ; c'était contre lui que se dirigeaient les batteries, et les
trois autres candidats ne cessaient de répéter
que sans lui les choses se passeraient le plus tranquillement du monde, *and in the most gentle-
manly manner*. Vous savez toute la force du
substantif *gentleman* et de son adjectif : eh bien !
huit jours se sont passés, et j'ai retrouvé le héros
de la multitude sans influence, Wood héritier
de sa popularité et en querelle ouverte avec le
capitaine Barrie, le maire et les *returning offi-
cers* (officiers électoraux) aussi ennemis du
vote par *tallies* (1) qu'ils en avaient été d'abord
les partisans, tout enfin sens dessus dessous.
M. Stanley seul avait conservé son langage et sa
position. Toujours en tête du poll, son élection
est gagnée depuis quelques jours, comme celle
de Cobbett est perdue. Aussi, par des raisons
bien différentes, ont-ils tous deux jugé convenable de fermer leurs tavernes. Grande leçon

______

(1) Les *tallies* sont un mode de voter par lequel
chaque candidat amène successivement un nombre égal
d'électeurs.

pour les électeurs qui veulent jouir de leurs droits, et boire jusqu'au bout : ils apprendront par là à maintenir une autre fois un peu plus d'égalité entre les candidats.

Wood et Barrie en présence, c'a été le temps des intrigues et des contre-intrigues, des injures et des voies de fait, comme pendant le règne de Cobbett. On s'est battu dans la rue, sur les places publiques, à la porte des hustings, et les troupes sont revenues à Preston pour s'en retourner de nouveau. J'ai lu dans de vieux mémoires qu'un jour Louis xiv fit appeler le duc d'Orléans pour lui reprocher d'avoir pris un secrétaire janséniste. « Lui, janséniste ! répondit « le prince : je ne sais pas s'il croit en Dieu. » — « A la bonne heure, vous pouvez le garder. » C'est sans doute par un principe semblable que, des deux concurrents, Cobbett préfère le tory au réformateur. Quand il a vu que son pouvoir lui échappait, toute sa rage s'est tournée contre Wood. Il l'a appelé coquin, hypocrite, lâche, etc., etc.; tandis que de temps en temps il offrait la main au capitaine, en signe d'amitié et de réconciliation. Mais une chose qui fait le plus grand honneur au peuple de Preston, c'est que, malgré les efforts de ce bas tribun, malgré l'argent que les amis du capitaine répandaient à pleines mains , les principes l'ont emporté sur l'intérêt. Le comité de Cobbett lui-même, refusant de s'associer à ses haines, a soutenu l'homme pauvre contre l'homme qu'appuyait toute la *gentry* du pays. « Rallions-nous « autour de Wood », tel a été le cri des libéraux de toutes les classes et de toutes les nuances; et ce combat si acharné s'est terminé par un paisible triomphe! Cela me réconcilierait avec le suffrage universel si je le croyais possible ; mais jusqu'à ce qu'on m'ait indiqué un moyen de constater si l'individu qui se présente est ou non frappé par l'une des incapacités légales, s'il n'a pas déjà voté dans la même élection , ou donné sa voix dans une autre ville ; je ne changerai point d'opinion. A Westminster et Southwark , pour avoir le droit de voter, certaines conditions sont exigées , et pourtant je ne sache pas qu'on ait jamais reproché aux élections de Southwark et de Westminster d'être trop aristocratiques.

Quand on est le second sur la liste , parmi les moyens d'arriver au premier rang, il en est un fort expéditif et très usité en Irlande : c'est d'appeler son adversaire en duel, et de le tuer avant la clôture du poll. Ce moyen , le capitaine

Barrie a voulu l'employer contre Wood ; mais il n'a pas réussi ; et aujourd'hui, quinzième et dernier jour, tout s'est passé fort tranquillement. Bien que le résultat de l'élection fût connu d'avance, une foule immense remplissait la cour des hustings, et trois houras ont retenti au moment où MM. Stanley et Wood ont été proclamés. Vainqueurs et vaincus, l'usage veut que les candidats haranguent le peuple, et remercient leurs amis. M. Stanley a donc parlé avec énergie et noblesse ; M. Wood, plutôt en avocat qu'en législateur ; le capitaine Barrie, en marin qui se croit encore sur son bord, et prend les électeurs pour ses matelots. Quant au grand Cobbett, à ce dieu déchu, il s'est contenté de faire annoncer par l'une de ses trompettes qu'il parlerait le soir de sa fenêtre ; et, chose étrange ! ceux qui venaient d'applaudir le triomphe de ses rivaux n'ont pas reçu cette annonce avec moins d'enthousiasme : c'est un reste de tendresse qu'il faut leur pardonner.

Les *chairings* sont aussi variés en Angleterre que les modes d'élection. Je vous ai décrit celui de Lancaster. A York, les vainqueurs parcourent la ville dans une voiture à six chevaux ; ici, montés sur des chevaux tout caparaçonnés de leurs couleurs. Pendant ce temps, les cloches sonnent, des drapeaux sont suspendus aux fenêtres, la musique joue, des bannières emblématiques flottent dans l'air, et les amis des nouveaux membres, marchant six à six par derrière eux, forment des processions rivales, qui se mesurent de l'œil et cherchent à s'éclipser mutuellement. En général, ce n'est qu'une cérémonie plus ou moins brillante; hier c'était davantage. Au milieu de la joie et de la confusion universelles, voyez ce bataillon de sept à huit cents personnes, qui, un ruban rouge en écharpe, marche bien serré, bien uni, et, à un signal donné, pousse de temps en temps de longues acclamations. Il a sa musique, ses bannières, et une pensée commune semble l'animer. Ce bataillon, ce sont les électeurs catholiques de Preston, qui, désertant la cause de Cobbett vaincu, sont aussi venus, guidés par leurs prêtres, se ranger sous les drapeaux de Stanley et de Wood; et leur présence est une protestation vivante contre l'absurde serment qui les exclut du poll. J'ai vu à Preston beaucoup de ces catholiques: tous sont radicaux au premier degré. A les entendre, il n'y a pas en Europe d'amis plus prononcés de la liberté civile et religieuse;

et tout ce qu'ils demandent, c'est que la loi soit complétement indépendante de la croyance. Dirait-on que l'Angleterre n'est qu'à sept lieues de la France? Je voudrais, au reste, savoir si, quand ils tiennent ce langage, ils songent à tromper ou s'ils sont dupes d'eux-mêmes. Je penchais pour la seconde opinion, avant que le plus radical de leurs prêtres m'eût fait un pompeux éloge du *Mémorial catholique* ; il y a d'ailleurs, à dix lieues de Preston, un couvent de jésuites.

Même dans le triomphe, la vengeance ne perd pas ses droits. Les deux processions ont eu grand soin de passer devant les fenêtres de Cobbett, qui s'est galamment contenté de leur envoyer avec son doigt quelques crachats (je n'oserais pas me servir de cette expression, si un royal auteur ne l'avait mise à la mode); mais les crachats de Cobbett ne produisent plus d'effet. Au retour, M. Wood a de nouveau harangué le peuple, et de nouveau le peuple a applaudi. Ce n'est pas tout : à peine avait-il fini, que, par un mouvement spontané, deux mille personnes se sont retournées à la fois vers la fenêtre de M. Stanley, qui se trouve précisément en face. Jamais je n'ai vu de volte-face plus unanime et mieux exécutée; toutes les têtes levées semblaient implorer un discours comme une couvée de poussins demande la béquée. Mais, hélas! hier M. Stanley ne l'eût pas refusé; aujourd'hui, il s'est montré inflexible. Pauvre peuple! voilà comme on te traite, quand on n'a plus besoin de toi!

Quel que soit le charme des discours, un bon dîner a aussi le sien; et dans ce pays le comble de l'art est de joindre l'un à l'autre: c'est ce que M. Wood a fait ce soir. A onze heures et demie on portait encore à sa table des santés assaisonnées de tirades politiques; et, parmi ces tirades, il y en avait d'excellentes. C'était une réunion de plébéiens, de radicaux, comme on les appelle ici. Mais, que leurs idées soient bonnes ou mauvaises, j'ai trouvé en eux un patriotisme plus large et des principes plus consciencieux que partout ailleurs. On voit que leurs opinions ne sont pas une affaire d'intérêt comme chez la plupart des torys, ni de convenance comme chez beaucoup de whigs. Leurs paroles viennent de plus loin que les lèvres; et les moins éloquents trouvent des expressions justes et fortes pour rendre ce qu'ils sentent si vivement. D'ailleurs, point d'étiquette, point d'apprêt. Entre un tel

dîner et un dîner de torys il y a la même différence qu'entre une chapelle d'anglicans et une
réunion de quakers, ou, si vous aimez mieux,
qu'entre une séance de l'Académie et une séance
du parlement anglais. Dans la première, chacun sait d'avance s'il parlera et ce qu'il dira;
dans la seconde, le moment inspire, et on saisit
l'inspiration. Les principaux *toasts* ont été *au
peuple, au roi,* avec un commentaire, *à la liberté civile et religieuse, à l'émancipation des
catholiques, à la réforme parlementaire, à l'a-
bolition de l'esclavage, aux Grecs et à lord
Cochrane;* et tous ont été bus avec le plus
bruyant enthousiasme, tous ont donné lieu à de
solides réflexions. Parmi tant de discours sub-
stantiels, mais un peu rudes, a brillé celui d'un
pauvre réfugié piémontais, comme un beau
portique romain au milieu des châteaux massifs
de la vieille Angleterre. Il nous a parlé de son
pays, de la liberté, de ses souffrances, et de la
généreuse hospitalité qu'il a reçue à Liverpool.
Ses phrases n'étaient pas très correctes; mais
correctes, elles eussent produit moins d'effet,
et c'était une chose admirable que de voir l'i-
magination italienne se faire jour à travers tant
d'obstacles, et arriver au cœur de tous les con-

vives. Pas un, j'en suis sûr, n'oubliera le pro-
scrit piémontais.

Ordinairement, ces sortes de dîners sont de
véritables ovations, où chacun apporte sa petite
cassolette pour la faire fumer sous le nez du
triomphateur. Comme s'il était mort, il a toujours tous les talents, toutes les vertus ; si le
pays peut être sauvé, il le sera par lui, et l'Europe entière applaudit au choix qui vient de se
faire. Chez les radicaux de Preston, les choses
se passent autrement, et voici le compliment
que *Woodcock*, marchand de bois, l'un des
agents les plus zélés de *Wood*, lui a adressé en
portant sa santé : « En vous nommant, nous vous
« avons donné une belle occasion de prouver la
« fermeté de vos principes. Si vous vous con-
« duisez mal, soyez sûr que nous vous renver-
« rons. » Que dites-vous de cette brusque franchise ? ne vaut-elle pas bien les fades louanges
des autres ? A la fin du dîner, nous avons aussi
vu paraître un homme dont la présence expli-
quait bien des choses. C'est ce cordonnier dont
je vous ai parlé, cet *Huffmann*, aide-de-camp
de Cobbett au commencement de l'élection, et
maître absolu de la multitude. Avec quel empressement on l'a reçu ! de combien de politesses

il a été accablé! Il venait pourtant de dîner avec les fils de Cobbett ; mais la puissance est partout si respectable et si respectée. Avant de quitter Huffmann, je veux vous raconter un trait de sa vie qui vous le fera mieux connaître que tous les portraits du monde. Quant M. Pitt établit un impôt très élevé sur les fenêtres, il en fit boucher trois qui étaient au-dessus de sa porte, et les remplaça par trois planches peintes comme des dos de livres, avec cette inscription : *Pitt's works* (œuvres de Pitt). Je vois maintenant où Shakspeare a trouvé le modèle de ses vieux Romains goguenards.

Peut-être êtes-vous surpris qu'on attache tant d'importance à la nomination d'un jeune avocat inconnu. Mais en lui triomphe la grande cause de la liberté électorale, et c'est elle dont on salue la victoire avec enthousiasme. Il y a quarante ans, la corporation de Preston, composée de deux cents *freemen* héréditaires, élisait seule les deux membres du parlement. Tant qu'elle resta d'accord avec la puissante et honorable famille des Derby, personne ne songea à lui disputer ce privilége ; mais un beau jour la discorde se mit entre ces vieux alliés, et lord Derby lui-même soumit au parlement les anciennes chartes de la ville et fit décider qu'elles conféraient le droit de voter à tous les habitants (*the inhabitants at large*). Par malheur le droit et le fait sont deux choses bien différentes. Une nouvelle coalition se forma sur les bases de l'ancienne, et imposa à la ville, comme par le passé, deux représentants de partis opposés, l'un whig et de la famille des Derby, l'autre tory et choisi par la corporation. Cette fois sans doute la coalition l'eût encore emporté, si le jeune Stanley, petit-fils de lord Derby, n'eût noblement refusé d'y accéder! Une majorité immense et la haine des torys l'ont récompensé de cette bonne action, et pour la première fois le peuple a choisi lui-même. Je connais plus d'un membre de la corporation qui désirait que son choix tombât sur Cobbett : c'eût été une admirable occasion pour redemander le vieux système à grands cris. Mais il n'en a pas été ainsi, et le radical méprisable a échoué aussi bien que l'ardent tory. Retranchez un ou deux milliers de mendiants et de prolétaires, et vous aurez à Preston un corps électoral excellent. Dans ce corps du moins, il n'y aura pas un homme qui ne comprenne parfaitement les plus grandes questions politiques, et ne soit en état de les juger. En France, nous n'avons en

tout que quatre-vingt mille électeurs : combien
d'entre eux méritent le même compliment ?

Cependant, quelque populaire que soit l'élection de Preston, deux pétitions la menacent :
l'une de Cobbett, qui réclame contre le système
des *tallies* et des portes séparées ; l'autre du capitaine Barrie, qui se plaint de quelques violences
exercées contre ses électeurs. Il semble que ces
deux pétitions soient faites pour signaler le
double écueil du suffrage universel, tel du moins
qu'il existe à Preston. Il n'y a en effet que deux
partis à prendre : voter par *tallies*, et alors se
montrent toutes les illégalités que Cobbett si-
gnale avec quelque justice ; n'ouvrir qu'une seule
porte, et alors, dans une ville où tout le monde
est électeur, il est impossible qu'après des rixes
et des violences cette porte ne reste pas ouverte
au plus fort. Dans le premier cas, deux candidats
réunis peuvent l'emporter malgré la majorité ;
dans le second, le candidat qui a la canaille à sa
disposition est sûr de la victoire. On éviterait
sans doute une partie de ces inconvénients en
établissant comme à Appleby plusieurs *booths* ;
mais ce serait toucher à la charte, à la vieille
charte de la ville, et vous sentez quelles épouvantables conséquences résulteraient d'une telle

profanation. Autant vaudrait presque retirer au président de la chambre des pairs son sac de laine, et sa perruque au *speaker* de la chambre des communes. C'en serait fait de l'Angleterre.

Encore quelques mots sur Cobbett. Cet homme, que ses rares talents ont élevé du grade de caporal dans l'armée au rang de l'un des premiers écrivains de l'Angleterre, a commencé par être un tory prononcé : son enseigne était alors *Crown and mitre* (la couronne et la mitre), et l'église et l'état étaient le texte habituel de ses éloges. Vous savez comme il les traite maintenant. Dans son temps de *torisme*, il écrivit contre Thomas Payne un morceau tout-à-fait dans le genre du portrait de Voltaire par le comte de Maistre. Plus tard, un homme se présenta à la douane de Liverpool avec une cassette remplie d'ossements soigneusement conservés. Cet homme était Cobbett ; ces ossements étaient ceux de Thomas Payne. Ce n'est pas tout : des cheveux de Payne il fit de petites bagues, qu'il offrait aux amateurs de reliques pour trois ou quatre shillings. En supposant dix cheveux par bague, et deux cent mille cheveux seulement sur la tête de Payne, c'était, comme vous voyez, un moyen d'amasser sans beaucoup de peine une somme assez honnête. Par malheur la spéculation ne réussit pas, et ses bagues lui restèrent. Depuis cette époque, il n'est pas une grande question politique ou financière que dans son *Political register* il n'ait traitée tantôt pour, tantôt contre, mais toujours avec un admirable talent. Quel dommage que de si rares facultés soient au service de tant de bassesse! A la chambre des communes, Cobbett, j'en suis sûr, ne pourrait dire un mot. « Nommez-moi, répète-« t-il pourtant sans cesse : je suis le seul homme « de génie du pays ; nommez-moi, et vous « n'aurez plus de dette ; nommez-moi, et ja-« mais un ouvrier ne sera sans ouvrage ; nom-« mez-moi, et vous mangerez tous de la viande « tous les jours ; nommez-moi, et tout le monde « sera riche. » Cela rappelle ce bon paysan des Ardennes qui, du temps du papier-monnaie, se plaignait fort de la Convention. « Ils se pré-« tendent patriotes, disait-il; c'est faux : car, « s'ils l'étaient, ils donneraient un million à « chaque Français. » Cobbett est plus généreux.

~~~~~~

Xe LETTRE.

MACÉDOINE. — HUNT ET SES CONCURRENS. — LORD JOHN
RUSSEL. — NO POPERY EXPLIQUÉ. — MANŒUVRES DE
DEUX CORPORATIONS. — ÉLECTIONS D'YORK. — FAS-
HIONABLES DU NORTHUMBERLAND. — M. HOLME SUMNER.
ÉLECTIONS ÉCOSSAISES. — ÉLECTIONS D'IRLANDE. — IN-
SURRECTION DES FREEHOLDERS. — DINER A LA CITÉ.

Londres, 8 juin 1826.

Avez-vous jamais vu un gourmand assis à
une table couverte de mets excellents, parmi lesquels il n'a le temps que d'en choisir deux ou
trois ? avez-vous observé son irrésolution, son
inquiétude, ses regrets ? Telle est à peu près ma
situation depuis un mois. Assurément les élections de Southwark, de Preston, du Westmoreland, sont des plats exquis ; mais j'en vois
tant d'autres auxquels je ne puis atteindre et
qui me plairaient également ! Au moins les ai-je
tous suivis de l'œil avec une avide attention,
et, si vous le permettez, je vous ferai connaître
~~~~~~

ceux que j'ai le plus regrettés. Ce sera en quelque sorte une *olla podrida* électorale. . .

Quel dommage de n'avoir pu voler de Preston à Ilchester, et passer de Cobbett à Hunt ! Les concurrents de celui-ci étaient M. Dickinson, demi-whig, et sir Thomas Lethbridge, tory qui dans la chambre des communes possède le privilége dont M. P*** a joui si long-temps chez nous, celui de faire rire aussitôt qu'il ouvre la bouche. C'est surtout à lui que Hunt en voulait; et cette élection, comme celle de Preston, a été un cours complet de toutes les injures qui existent dans la langue anglaise. Entre les deux il y a pourtant cette différence, qu'à Ilchester Hunt n'a pas commencé. Des trois candidats il a d'abord tenu le langage le plus décent, et l'on dirait que cette fois les gentlemen ont voulu déconcerter la populace en se plaçant dès le début au-dessous d'elle. Poussé à bout, Hunt a cependant répondu sur le même ton, et ce n'a plus été que confusion et assaut d'insultes et de grossièretés. Plus d'une fois même, d'une dispute de halles, la lutte a failli devenir une rixe de crocheteurs, et sans le shériff, les hustings eussent été le théâtre d'un *boxing match* entre les candidats. Malgré ses efforts, le pauvre

Hunt n'a pu au reste rassembler que trois à quatre cents voix, tandis qu'en se coalisant, ses adversaires se sont assurés d'une formidable majorité. Cependant le fabricant de cirage n'en est
pas moins sorti avec les honneurs de la guerre.
On lui avait sottement reproché son état. En
faisant donc son discours d'adieu: « Je veux, a-
« t-il dit, me séparer amicalement de mes con-
« currents; et, pour le prouver, voici une
« bouteille de mon meilleur cirage que je prends
« la liberté de leur offrir. » M. Dickinson l'a
prise en remerciant gaîment. « Je regrette, a
« ajouté Hunt, de n'en pas avoir deux; mais ces
« messieurs se sont si bien partagé leurs votes,
« qu'ils pourront se partager ma bouteille. » Si
l'on donnait un prix à la meilleure plaisanterie de l'élection, celle-ci en serait digne.

Après une vigoureuse défense, lord John
Russel, comme on le craignait, a succombé dans
le *Huntingdonshire*. Mais il doit cet échec à la
coalition de deux puissantes familles bien plus
qu'à ses opinions sur l'émancipation catholique.
Cependant, sur la foi du *Courrier,* les journaux
français vous répètent que partout le cri de *No
popery* a triomphé. Rien n'est plus faux. Il a au
contraire éprouvé une chute complète (*a com-*

plete failure) : c'est l'expression dont se servait hier en ma présence l'un des plus grands ennemis de l'émancipation. « Savez - vous, a dit « M. Brougham, ce que signifie ce *No po-* « *pery* dont on fait tant de bruit. Il signifie : « Point de réforme, point de réduction des im- « pôts, et surtout point de diminution des énor- « mes revenus de l'église ! » Ce que M. Brougham a dit, la grande masse l'a compris ; et je ne crois pas qu'il soit une élection où, après trois ou quatre jours de poll, *No popery* n'ait complétement disparu. Si le saint-père effraie encore quelques bonnes âmes, c'est parmi ces gens à demi éclairés, qui ne jugent ni par raison, comme les hommes supérieurs ; ni par sentiment, comme le peuple ; vrais classiques en politique et en religion, pour qui l'habitude et le préjugé sont une seconde nature. Encore ceux-là même commencent-ils à se rassurer. Que n'a-t-on pourtant pas fait pour réveiller le fanatisme populaire ? Une armée de prêtres s'est mise en campagne, prêchant, haranguant, composant des pamphlets, des sermons, des chansons même. N'ont-ils pas été jusqu'à répandre à Penrith le bruit que le pape devait venir au château de M. Brougham attendre le résultat de l'élection ! Il est dur, après tant d'efforts, de se voir presque unanimement sifflé. Encore s'il n'était question que des intérêts du protestantisme! mais il s'agit de ceux de l'église, et le clergé a la fièvre.

Quand il y a lutte entre deux candidats, l'un radical, et l'autre ministériel, c'est ordinairement pour le radical que se prononce le peuple, et la raison en est simple. A Coventry, c'a été le contraire. A force d'ale, de vin et d'argent, la corporation s'y est emparée de la populace, et l'a déchaînée contre MM. Ellice et Moore, libéraux prononcés. Ils ont été poursuivis, insultés, maltraités; le maire lui-même s'est mis à la tête des mutins, et, jamais, dit-on, scènes aussi ignobles n'avaient déshonoré une élection. Vous voyez que, quand les torys méprisent la canaille, c'est souvent comme le renard méprise les raisins. Offrez-leur les moyens de s'en servir, et ils n'y manqueront pas. A Leicester, la corporation s'y est prise autrement. Elle a le singulier droit de créer des *freemen* honoraires; depuis la dernière élection, huit cents personnes étrangères à la ville ont ainsi reçu leur franchise, et, grâce à ces *mushroons* (champignons), comme on les appelle dans le Westmoreland, le candidat populaire a échoué.

Bien que , comme je vous l'ai dit, M. Bethell eût déclaré que sa fortune ne lui permettait pas de soutenir le *contest* dans le comté d'York, on a cru un moment que ses amis n'en persisteraient pas moins à le porter, et tout a été en mouvement dans la plus vaste des provinces anglaises. Voici le recensement des chevaux, voitures et charrettes pleines d'électeurs, qui de sept heures du soir à dix heures du matin ont traversé un seul pont, se rendant à la ville : 700 chevaux de selle , 450 gigs , 548 chaises de poste , 468 charrettes , 103 chariots à trois et à quatre chevaux.

Les trois quarts n'ont pu trouver de lits, et ont passé la nuit dans leur voiture ou dans la rue. Le lendemain, jour de l'élection, c'était , dit-on, un coup d'œil magnifique, mais rien de plus. Lord Milton et M. Marshall, MM. Duncombe et Wilson, se sont trouvés nommés sans opposition, bien que d'opinions diamétralement opposées. Croiriez-vous que dans le plus commerçant des pays on a fait un grand crime à l'héritier des Fitz-William, lord Milton , de s'être coalisé avec un marchand de coton?

Parmi les élections, il en est peu qui aient attiré autant l'attention que celle du Northumberland. Là se trouvaient en présence quatre candidats : lord Howick , fils de lord Grey, M. Beaumont, MM. Liddel et Bell ; les deux premiers, libéraux ; les deux derniers, torys ; tous puissamment riches, et décidés à ne point reculer. Il semblait tout simple qu'il se formât une coalition entre lord Howick et M. Beaumont, d'un côté, MM. Liddel et Bell, de l'autre. Eh bien ! c'est précisément le contraire : il y avait dans chaque camp un libéral et un tory , de sorte que M. Beaumont ne pouvait attaquer M. Bell sans tirer sur M. Liddel, son allié ; ni lord Howick, M. Liddel, sans combattre M. Bell , avec qui il partageait ses voix. Que dites-vous de cette situation? n'est-elle pas embarrassante? Pour y échapper, il n'y avait qu'un moyen : c'était de faire tout doucement son métier de candidat, sans se mêler de politique, et ces messieurs paraissent avoir pris ce parti. Il n'a été question sur les hustings que de leur famille, de leur fortune , et de leurs querelles particulières. « M. Beaumont, dit-on d'un côté, a fait aux Grey une insulte personnelle : donc vous ne pouvez le choisir ; et mieux vaut M. Bell, qui votera peut-être mal, mais au moins figurera parfaitement dans tous les salons. — Gardons-nous d'élire M. Bell, s'écrie-t-on de l'autre : s'il est battu, il ne se présentera plus, tandis que M. Beaumont reviendra à chaque élection, et nous entraînera dans d'énormes dépenses. » C'est sur ces nobles motifs que les électeurs doivent se décider, et se décident pour la plupart. D'ailleurs, les candidats se reprochent mutuellement ce qu'ils appellent une alliance monstrueuse. Chacun d'eux n'a fait qu'imiter son adversaire : c'est l'indépendance du comté qu'ils veulent soutenir, indépendance qui serait anéantie si le parti contraire triomphait. Peut-être, sous ce rapport, ont-ils raison tous les quatre. Ajoutez à cela quelques dames qui, présentes sur les hustings, remercient ceux qui votent pour leur protégé ; de vives querelles entre leurs candidats et leurs amis ; un luxe incroyable de rubans, de voitures et de drapeaux ; enfin un duel à douze pas, où MM. Beaumont et Lambton (1) se sont heureusement manqués, et vous aurez une idée de l'élection la plus *fashionable* de l'année. Avant-hier, M. Bell reprochait à M. Beaumont de prolonger le *contest*, et d'empêcher ainsi les

---

(1) M. Lambton, membre distingué de la chambre des communes, est beau-frère de lord Howick.

électeurs d'assister à une affaire d'une haute importance, aux courses de Newcastle. Il avait
raison; et, jeu pour jeu, autant vaut l'un que
l'autre.

Au moment où j'écris ces dernières lignes,
j'apprends que le *contest* est terminé, et que
MM. Liddel et Bell sont élus. Ce sont les deux
torys : lord Howick et M. Beaumont ont bien
gagné à se dire des injures !

Voulez-vous passer d'un spectacle électoral à
une véritable élection, regardez le comté de
Surrey, où, par les efforts bien combinés
d'hommes indépendants, M. *Holme Sumner*,
l'un des ultra-torys de la chambre, vient d'être
rendu aux douceurs du repos. La veille de l'é-
lection, il ne prévoyait aucun *contest*, et se
croyait sûr de son fait. Mais tout se préparait
en secret, et il a été vaincu aussitôt qu'attaqué.
Son plus intrépide bataillon consistait dans
trente ou quarante prêtres aussi vigoureux de
corps que d'esprit, et que n'ont pu rebuter ni
les fatigues des hustings ni celles du canvass.
Mais le feu de leurs batteries n'a point eu d'effet; et, après cinq ou six jours de poll, l'homme
de l'église et de l'état (*church and state*) s'est vu
forcé de se retirer : nouvelles preuves que les

foudres anglicanes sont presque aussi usées que les foudres romaines.

On s'est battu à Chester contre les fils de lord Grosvenor, à Carlisle contre sir Philippe Musgrave, à Weymouth on ne sait trop contre quoi ni pour qui; mais toutes ces émeutes se ressemblent, et vous pouvez en chercher les détails dans les journaux politiques.

Par une autre raison, je vous dirai peu de choses des élections écossaises. Celles des bourgs se font en petit comité, par les membres de corporations héréditaires, ou qui se nomment elles-mêmes; et celles de comté sont encore plus bizarres. Quoique originairement attaché à la terre, le vote peut s'en séparer et se vendre à part, de sorte que, sur les deux mille sept cents électeurs qui seuls sont appelés à nommer les membres du parlement, la moitié peut-être ne tient point au pays.

Vous jugez ce que sont de semblables élections : à peine inspirent-elles plus d'intérêt qu'en France le choix d'un académicien. Celle d'Inverari a pourtant, dit-on, été fort curieuse. L'un des candidats, M. *Campbell*, d'Islay, a fait son canvass en bateau à vapeur, et le jour du poll, le *loch fine* présentait le plus riant coup d'œil. M. *Campbell* est neveu du duc d'Argyle. Il a été élu presque sans opposition.

En Irlande, les choses ne se passent point ainsi. Là, les électeurs sont nombreux, les passions ardentes, les haines acharnées. On y choisit ses représentants à coups de fusil, et les membres des comités ne peuvent sortir sans une paire de pistolets dans leur poche. Les deux partis, enfin, forment deux armées, qui entrent en campagne, s'emparent des défilés, et défendent les approches des hustings comme celles d'une ville assiégée. Il fallait que, pour arriver à Galway, les électeurs d'une baronie opposée à M. Martin passassent par une autre baronie qui lui est dévouée. Eh bien! les habitants de cette dernière les ont attaqués, cernés, et presque brûlés vifs dans une grange où cent cinquante d'entre eux s'étaient réfugiés. A peine, au reste, de l'autre côté du canal fait-on attention à ces misères-là. Mais il s'y forme dans ce moment une combinaison dont personne ne peut prévoir les résultats. Vous connaissez les freeholders à quarante schillings, que la chambre des communes voulait désaffranchir, pauvres diables que leurs seigneurs font maîtres d'un petit coin de terre, à condition qu'aux élections ils n'auront d'autre volonté que la leur. Jamais, jusqu'ici, ces honnêtes paysans n'avaient donné signe d'indépendance ; on les traînait aux hustings comme des bestiaux au marché, et ils votaient. Mais voici que tout à coup la religion vient leur rendre le sentiment de leurs droits. Catholiques, ils se refusent presque unanimement à envoyer au parlement un ennemi de l'émancipation. En vain leurs seigneurs prient et menacent : ils leur opposent une résistance respectueuse, mais ferme ; et amenés par eux au poll, c'est contre eux qu'ils votent ouvertement. Déjà, à Waterford, la puissante famille des Béresford a succombé sous les efforts de cette ligue nouvelle. C'était, disait-on il y a un mois, folie de lui résister, et à peine a-t-elle pu soutenir la lutte pendant trois jours. A la tête de l'insurrection se trouve M. O'Connell, qui, secondé par les prêtres catholiques, court de ville en ville, de village en village, harangue les paysans, et les menace de la colère du Ciel s'ils obéissent à leur seigneur. C'est, en un mot, une jacquerie électorale, qui gagne chaque jour du terrain, et consterne l'aristocratie anglaise aussi bien que celle d'Irlande. Que deviendront, en effet, ces deux puissantes sœurs, si leurs vassaux s'avisent de vouloir être des hommes, s'ils osent avoir une conscience et une volonté? C'est comme si nos fonctionnaires publics se permettaient d'énoncer une opinion.

Vous savez déjà que M. Brougham a échoué à Appleby, et qu'une forte majorité a constamment maintenu sir Robert Wilson à la tête du scrutin. L'élection de la Cité a été plus vivement contestée, et jusqu'au dernier jour le résultat est resté douteux. Ward, Thomson, Waithmann et Wood l'ont enfin emporté. Deux sont pour le ministère, et deux pour l'opposition. C'est un moyen de ne se brouiller avec personne.

Tout en Angleterre finit par des dîners. C'est aussi par un dîner que je terminerai cette revue électorale. Depuis ma première lettre, ce sera le troisième, et peut-être n'avez-vous plus faim. Mais celui-ci s'est passé à la Cité de Londres, vraie république de marchands, peuplade de soixante mille âmes constituée au milieu d'une ville de quatorze cent mille. L'alderman *Wood* en était le héros, et la taverne de *l'Albion* le théâtre. N'est-ce pas assez pour réveiller votre appétit.

Hier donc, à cinq heures et demie, cent cinquante personnes environ se rangeaient silencieusement autour d'une table d'acajou, vieillie au service des *livery men*, et noblement sillonnée de coups de verre et de couteau. M. Smith, qui jouit d'un avantage à peu près impossible en France, celui d'être membre du parlement depuis quarante-deux ans, occupait le fauteuil, M. Wood à sa droite, et à sa gauche M. Joseph Hume, providence des contribuables et terreur des mangeurs au budget. C'est en général une fonction assez pénible que celle de *chairman* (président), puisque seul il a le droit de proposer les santés. Mais ici on lui accorde un aide-de-camp, qui, sous le nom de maître des toasts, se tient derrière le fauteuil, un marteau d'une main, et un verre de l'autre. Cet important personnage a le triple emploi de demander du silence, d'inviter à *charger* (c'est le terme technique) et de donner le signal des *houras* ainsi que des évolutions qui les accompagnent. Mais, tandis que les autres verres se remplissent et se vident, le sien reste parfaitement sec, et pendant tout le temps il s'échauffe à froid, et s'enivre sans boire. On dirait ces acteurs qui se grisent au théâtre dans des verres de carton.

Il est vrai que souvent ils s'en dédommagent dans la coulisse.

Ces sortes de réunions sont d'abord graves et silencieuses, puis cordiales et animées, enfin désordonnées et tumultueuses. Ces trois degrés sont presque nécessaires, et nous y avons passé. Il a fallu endurer au commencement les toasts formels et classiques, qui, comme les *Grâces* et le *Benedicite,* se répètent toujours les mêmes, et avec les mêmes commentaires. Ensuite sont arrivées les santés des personnes présentes, et les discours ont commencé. Il ne faut pas croire que ce soit une chose complétement spontanée. En Angleterre l'éloquence de la table a, comme celle de la tribune ou de la chaire, de certaines règles et de certains usages, et je m'étonne qu'un grave rhéteur ne les ait pas encore présentés au public sous la forme d'un code immuable et sacré. Nos *classiques* de France n'y auraient pas manqué. Parmi ces règles se trouverait alors celle de répéter trois fois la même chose, car pas un orateur n'y manque ; et quand on voit passer une pensée, on est bien sûr de la retrouver un peu plus loin, à peu près comme ces motifs dont en musique on attend le retour. Si d'ailleurs l'assemblée se fatigue, elle a un singu-

lier moyen de fermer la bouche à l'orateur :
c'est de l'applaudir à outrance, et d'étouffer sa
voix, chaque fois qu'il veut l'élever, sous les
coups de couteau et de verre. Deux ou trois
discours ont obtenu hier ce brillant succès, et
en vérité ils en étaient dignes : ce n'est pas assez
d'avoir de bons sentiments.

Rien dans la Cité de Londres n'est plus commun que ces grands dîners. Chaque semaine on
en compte deux ou trois, où la soupe à la tor-
tue et le vin de Port jouent un rôle distingué.
Ce sont en général des corporations qui se réunissent ainsi. Là de petits marchands, habitués
à faire chez eux maigre chair, prennent place à
une table couverte des mets les plus rares et les
plus recherchés, et dépensent pour un seul repas
cinq ou six livres sterling. Là ils goûtent
l'incroyable plaisir de rester douze heures de
suite à table, en présence de cent flacons de Port
et de Sherry. J'en ai pourtant remarqué qui,
Bretons dégénérés, se tirent d'affaire au moyen de
deux verres, l'un plein et l'autre vide, dont ils
se servent successivement avec beaucoup d'a-
dresse. Mais la plupart n'ont pas recours à cet
indigne escamotage ; et quand, hier, le président
s'est retiré à onze heures et demie, il se trouvait

encore dans la salle un groupe nombreux de
fidèles, fiers de n'avoir pas manqué une santé,
et qui, se serrant, ont juré de rester à leur poste
jusqu'à quatre heures du matin. Ils ont tenu
parole.

XIe LETTRE.

COUP D'OEIL GÉNÉRAL. — MÉLANGE DE BIEN ET DE MAL. — BOURGS POURIS. — SYSTÈME DE BENTHAM. — AUTRES PROJETS DE RÉFORME. — CONCLUSION. — PUISSANCE DE L'OPINION. — DISSOLUTION DES ANCIENS PARTIS. — WHIGS ET TORYS. — CHAMBRE NOUVELLE. — ÉQUILIBRE DES POUVOIRS.

« Que pensez-vous de nos élections ? » Telle est la question qu'on m'adresse chaque jour; et, toute simple qu'elle paraisse, je suis fort embarrassé d'y répondre. Les élections anglaises sont en effet ce qu'il y a de plus noble et de plus bas, de plus sérieux et de plus burlesque, de meilleur et de pire. D'un côté, de grossières orgies, un marché où les consciences semblent à l'enchère, un hideux tableau de désordre, de tumulte et de brutalité; de l'autre, la tribune élevée sur la place publique, l'initiation du peuple aux affaires de l'état, et ce

grand spectacle d'une nation intelligente et libre
appelée à décider de ses propres destinées. Comment, au milieu de tant de points de vue divers,
porter un jugement absolu? Nouvel embarras
si l'on descend aux détails. Le grand nombre
des électeurs, la publicité du vote, la lutte
ouverte entre les candidats, sont toutes choses
excellentes; mais, en revanche, que d'absurdités!
que d'anomalies! Des villes populeuses sans représentants; des comtés dont on ne peut ap-
procher sans un passe-port de quelque mille
livres sterling; des bourgs où un riche propriétaire, son intendant et son cocher, sont les
seuls électeurs; enfin tout ce que l'on peut concevoir de plus bizarre et de plus oppressif. Il
est en France d'habiles gens qui, sans quitter
le coin de leur feu, proclament sublimes ou détestables les élections anglaises. Moi qui viens
de les voir, je suis moins avancé : je ne sais
encore qu'en penser.

Cependant, dans ce mélange de bien et de
mal, ne peut-on faire un choix? Voilà de mons-
trueux abus que tout le monde reconnaît :
pourquoi tout le monde n'est-il pas d'accord
pour les effacer de la loi? Ainsi purifiée, elle
produirait d'admirables effets. Telle était, il

y a deux mois, mon opinion. Un examen plus attentif m'en a fait changer, et la proposition de lord John Russel contre la corruption n'est plus qu'un enfantillage à mes yeux. Comme les jésuites, il faut que le système électoral d'Angleterre soit ce qu'il est, ou qu'il ne soit pas. C'est un édifice dont les parties mal liées en apparence se tiennent indissolublement. Qu'on le renverse pour en construire un autre, mais qu'on ne songe point à le réparer : au lieu de faire mieux, on ferait pire. Voyez, par exemple, les bourgs pouris : c'est contre eux surtout que se dirige l'artillerie des demi-réformateurs. Eh bien, dans l'état de choses actuel, les bourgs pouris sont la seule porte ouverte au talent, le seul contre-poids à l'immense ascendant de la naissance et de la fortune. Sans les bourgs pouris, il faudrait posséder vingt mille livres sterling de revenu pour siéger à la chambre des communes. Sans eux M. Canning ne serait pas ministre, et M. Brougham chef de l'opposition. Le bourg de Grampound trafiquait publiquement de l'élection. Pour l'en punir, on a donné au comté d'York les deux membres qu'il nommait. Rien de mieux en apparence ; et pourtant qu'en est-il résulté ? Que de la petite

propriété deux places sont passées à la grande.
Pour trois ou quatre mille livres sterling on
pouvait représenter Grampound ; pour représenter York il faut en risquer quatre-vingt mille.
Voilà ce qu'on appelle une amélioration !

Telles sont à peu près toutes les demi-mesures proposées au parlement. Que, pour se
rendre populaires à bon marché, quelques lords
prêchent donc une réforme partielle ; qu'ils
tonnent contre les bourgs pouris, ou accordent
généreusement un mois au lieu de quinze jours
pour poursuivre la corruption : le peuple anglais commence à ne plus s'y tromper. Il sent
qu'il s'agit d'autre chose, et qu'une refonte
totale du système peut seule l'améliorer. C'est
aussi l'avis de Bentham et de son école ; mais,
dans son amour des abstractions, Bentham supprime tout ensemble le mal et le bien. Avec lui
plus de hustings, plus de réunions publiques,
plus de discours, plus de vote hautement et franchement énoncé ; dans chaque village une boîte
où, secrètement et sans bruit, chaque citoyen
vient déposer son bulletin ; enfin le mystère et
le silence partout substitués à l'agitation et à la
publicité ; beaucoup de régularité, mais pas
l'ombre de vie. N'est-ce pas traiter l'homme

comme une machine, et les sentiments moraux comme de l'algèbre? Mieux valent cent fois les élections actuelles avec leur turbulence et leur corruption.

Augmentez le nombre des électeurs, s'écrie-t-on ailleurs; et quand tout citoyen sera appelé à voter, la séduction deviendra impossible. Hâtez-vous de le diminuer, répète-t-on d'un autre côté : le choix se trouvera ainsi confié à des hommes honorables, à de véritables propriétaires, qui ne trafiqueront pas de leur droit. La première opinion conduit au suffrage universel, et Preston est là pour y répondre. Je doute que la seconde vaille mieux. Dans l'état actuel, on se bat au moins à armes égales. Un électeur, quel que soit son vote, est sûr d'être transporté, nourri, désaltéré. Quand la corruption ne va pas au-delà, sa liberté lui reste. Élevez le cens, et à la séduction des bouteilles de vin succédera celle des places. La France peut en donner des nouvelles. Il ne faut pas croire qu'au-dessus de mille francs de revenu, on soit moins disposé à se vendre qu'au-dessous : seulement on se vend pour autre chose, et cette autre chose n'est pas, comme le vin, à la disposition de tout le monde. On

.veut mettre un de ses fils dans l'armée, un autre dans l'église. En Angleterre, comme ailleurs, tout cela ne s'obtient point sans protection. Ce beau raisonnement des classes éclairées, « Qu'importe une voix de plus ? si ce n'est pas « moi, ce sera un autre, » vient d'ailleurs aider la transition ; et bientot le fils est placé. Comme le mépris pour ceux qui se grisent sied bien à de telles gens !

Chaque année ,vingt autres systèmes sont présentés : car, parmi ceux qui crient à la réforme, il n'en est peut-être pas deux qui la comprennent de même. Il existe pourtant des clubs de réformateurs, des dîners de réformateurs, des réunions annuelles de réformateurs, où le plus touchant accord semble régner : on dirait qu'une seule âme les anime, tant il y a d'onction dans le langage, de fraternité dans les discours. On n'y oublie qu'une chose, c'est de dire ce que l'on veut, ou plutôt on ne l'oublie pas, mais on s'en garde bien. Supposez l'opposition et la contre-opposition de France réunies dans un banquet amical. Tant qu'on se contenterait d'attaquer les ministres, ou de louer vaguement la liberté, tout irait le mieux du monde. Croyez-vous que, si chacun s'avisait de préciser sa pensée, cette belle har-

monie ne se dérangerait pas un peu. Voilà précisément où en sont les réformateurs d'Angleterre.

Que conclure de tout ceci ? Que le pays n'est
point encore mûr pour une réforme électorale,
que peut-être cette réforme ne doit venir qu'a-
près de bien plus importantes, et qu'en attendant, on n'a rien de mieux à faire que de s'en tenir au système actuel. De tant de recherches et
de discussions, à la fin, sans doute, jaillira
une idée claire, simple, qui frappera tous les
yeux et ébranlera tous les préjugés. Alors il sera
temps de la faire passer dans la loi. Jusque là
on innoverait, mais sans améliorer. A tout
prendre, d'ailleurs, il y a dans ce système quelque chose de vigoureux et de grand. Ce n'est
point un spectacle ordinaire que celui d'une
nation convoquée à jour fixe pour entendre
l'humble supplique de ceux qui la gouvernent,
et, selon leurs œuvres, les maintenir ou les cas-
ser : une telle institution peut braver bien des
ridicules et résister à bien des vices. Aussi voyez
ce qui se passe : sur six cent cinquante membres du parlement, cent quatre-vingts seulement ont été changés, et pourtant tous les
regards se tournent déjà vers la chambre fu-
ture. La majorité numérique, on le sait, ne

peut changer, et pourtant chacun est dans l'attente. A quoi tient cet étrange phénomène, et
comment une chambre née de la richesse et de
la corruption inspire-t-elle un intérêt aussi vif?
comment semble-t-on en espérer quelque chose?
C'est que le droit même de l'élire constitue une
puissance qui lui est supérieure, et que, libre
dans son développement, cette puissance en Angleterre finit toujours par l'emporter. Je veux
parler de l'opinion publique, arbitre souverain,
pouvoir devant lequel se courbent tous les autres. L'aristocratie elle-même n'existe que par
lui; il faut qu'elle le flatte pour se maintenir.
Dans ce pays, où les mœurs publiques sont fortes, où la presse est libre, où le droit de s'associer et de se réunir n'a point de restriction,
que pourrait un parlement abandonné de l'opinion ? De tous côtés surgiraient de nouvelles
chambres, qui, librement élues, s'élèveraient de
fait au-dessus de lui. Les yeux se porteraient
sur elles, c'est en elles qu'on aurait confiance.
En vain la chambre légitime lancerait-elle des
décrets, fulminerait-elle des prohibitions : sous
mille prétextes ses rivales renaîtraient; et, fa-
vorisées par la secousse même des élections,
elles finiraient par gouverner le pays. Qu'on ne

s'y trompe pas, l'opinion a toujours obtenu ce qu'elle voulait fortement ; et si , au dix-neu-vième siècle, les lois anglaises sont entachées de fanatisme et d'inégalité, c'est que le fanatisme et l'inégalité existent dans les mœurs.

Long-temps les réformateurs ont méconnu cette vérité. C'était contre le parlement qu'ils dirigeaient leurs efforts. A peine songeaient-ils à remonter au principe. Enfin leurs yeux se sont ouverts. Ils ne visent plus au sommet, mais à la base, bien sûrs d'avoir vaincu dès que l'opinion sera pour eux. Aussi les livres ont-ils remplacé les conspirations, et la question des lois céréales celle des parlements annuels. Cette nouvelle marche des choses et des hommes ne pouvait être sans résultat. Grâce à elle, la grande comédie politique qui se jouait entre les membres des différents partis a presque en-tièrement cessé, ou plutôt ces partis eux-mêmes se sont évanouis. Quand on a aujourd'hui pro-noncé le nom de whig ou de tory, on n'a rien dit. M. Canning est tory, et c'est lui qui proposera le changement des lois céréales. Lord Grey est whig, et il a, dit-on, déclaré qu'il voulait transmettre intact à son fils l'hé-ritage de ses pères. Sir Francis Burdett enfin est radical, et il a horreur de toute loi qui ne consacre pas les substitutions et l'inégalité des partages. Dites après cela ce que signifient tory, whig, et même radical. Entre un tory et un whig Hunt ne voit qu'une différence : l'un est en place, et l'autre voudrait y être. Pour beaucoup de whigs je crois ce jugement vrai. Long-temps l'opinion n'a été pour rien dans le choix d'un parti. On était whig ou tory par arrangement, par héritage, et le membre de telle famille n'eût pu, sans se déshonorer, s'asseoir au côté gauche, ou celui de telle autre au côté droit; on naissait ministériel ou de l'opposition. D'ailleurs, mêmes idées, mêmes intérêts, même préjugés. Je connais à Londres telle société, éminemment libérale, où, pour être admis, il faut faire preuve de quatre quartiers, et plus d'un whig exalté s'indigne contre ces marauds de marchands, qui osent faire peindre leurs armes sur leurs voitures. Parlez des lois sur la chasse à M. Peel et à sir Francis Burdett, et dites lequel est le plus libéral.

Cette décomposition des anciens partis est évidente. Il faut aux éléments qui les composaient d'autres affinités. Jusqu'à ce qu'ils les aient trouvées, il y aura confusion et anarchie ; mais de ce désordre naîtra un ordre nouveau. A une classification toute factice succédera une classification naturelle ; chacun saura ce qu'il veut et où il va, et le public ne sera plus dupe de quelques grands mots. La question des lois céréales doit hâter ce mouvement. Il y aura lutte directe, lutte d'intérêts, et ce sont en général les seules qui mènent à quelque chose. Il s'agit de savoir si, pour garder leurs revenus, quelques lords conserveront le privilége d'affa-mer le peuple. Le peuple ni M. Canning ne sont de cet avis ; mais l'aristocratie s'épouvante, et peut-être tout finira-t-il par une transaction. En pareil cas, au reste, transiger, c'est céder. Individuellement, quatre cents membres de la chambre des communes sont partisans de la prohibition la plus absolue. Réunis en corps, ils n'oseront la soutenir ; tant ils redoutent cette opinion, que l'on méprise ailleurs. Sous une semblable tutelle, il n'est point de mauvais parlement.

Après lui avoir montré les élections, con-duisez un étranger dans la chambre des com-munes : il ne pourra croire que de tels moyens aient produit un tel résultat, et qu'une machine aussi détraquée travaille aussi bien. Pour résoudre le problème, deux mots suffisent : publicité et opinion. Avec eux tout s'explique ; sans eux je n'y comprends rien. Que demain la presse anglaise soit enchaînée ; que les citoyens ne puissent plus parler sur la place publique, ni s'associer comme bon leur semble ; qu'enfin les élections elles-mêmes soient secrètes et silencieuses, et bientôt vous aurez Venise au lieu de Londres. Cependant les formes subsisteront , et plus d'un publiciste s'extasiera encore sur l'équilibre des pouvoirs. Entre le 43° et le 51° degré de latitude, il est un pays où l'on est à peu près venu là. Mais tant qu'un certain mot restera écrit sur un certain morceau de papier, pour bien des gens c'en sera assez. Cela rappelle le cheval que Roland traînait après lui, admirable bête, et qui n'avait qu'un défaut, celui d'être morte.

LETTRES

SUR

LA SITUATION DE L'IRLANDE.

LETTRES

SUR

LA SITUATION DE L'IRLANDE.

PREMIERE LETTRE,

AVANT-PROPOS. — INTOLÉRANCE. — CATHOLICISME NOU-
VEAU. — ARGUMENTS THÉOLOGIQUES. — ARGUMENTS
HISTORIQUES. — RÉFLEXIONS. — CATHOLIQUES DE FRANCE
ET CATHOLIQUES D'IRLANDE. — SECRET DE L'ÉGLISE.

Londres, 4 décembre 1826.

MONSIEUR,

Parlez en Angleterre principes généraux ;
dites, par exemple, que la loi ne doit point in-
tervenir dans les opinions : on vous répondra,
comme sir James Mackintosh à M. Benjamin
Constant : « Il y a long-temps que ces choses-
« là sont convenues chez nous. » Il y a même

si long-temps que quelques unes sont complétement oubliées, et la liberté religieuse pourrait
bien être du nombre. Tout le monde la reconnaît; mais c'est une formule morte, dont le
sens n'est plus compris; un lieu commun, dont
on ne conteste pas l'excellence, tout en lui
portant des atteintes continuelles. Je pourrais
vous en donner mille preuves : je m'en tiens
à ce qui s'est passé il y a huit jours dans la
chambre des communes. Un M. Taylor, déiste
connu, demandait que lui et les personnes de
sa foi fussent dispensés de prêter serment sur
l'Évangile, et cette simple pétition a soulevé le
plus violent orage. « Comment se fier à un
homme qui ne croit pas à la révélation? » s'est-
on écrié de toutes parts. Deux ou trois membres seulement ont osé observer que, lorsqu'un
mahométan était admis à jurer sur l'Alcoran,
et un Indou sur la tête de son enfant, il était
singulier qu'un déiste ne jouît pas d'un privilége semblable. Mais la discussion n'est pas
sortie de ce cercle étroit, et personne n'a songé
à dire : « Votre loi n'est pas seulement injuste,
« elle est absurde; elle est immorale, puisqu'elle
« donne une récompense au mensonge et une
« prime à l'imposture. De deux choses l'une :

« ou le déiste, l'athée même (1), qui se présente
« pour prêter serment, est un honnête homme,
« ou c'est un misérable. Dans le premier cas,
« vous le frappez sans raison, et vous privez
« la société d'un témoignage utile; dans le se-
« cond, qui l'empêchera de jurer sur dix Évan-
« giles? A l'incrédulité il n'aura qu'à ajouter
« l'imposture pour recouvrer tous ses droits.
« N'est-il pas, d'ailleurs, bizarre que, tout en
« repoussant comme suspect le serment d'un
« athée, vous vous en teniez à sa déclaration
« pour savoir s'il le prêtera? C'est un cercle
« vicieux d'où vous ne pouvez sortir. Refuse-
« rez-vous de l'en croire sur parole, il vous
« faudra alors instituer une enquête sur des
« opinions. L'inquisition n'a pas d'autre prin-
« cipe. »

____

(1) J'ai entendu demander pourquoi *le Globe*, qui
combat l'athéisme, prend toujours un athée pour
exemple. C'est que l'athée est le dernier anneau de la
chaîne religieuse, et qu'une fois la liberté obtenue pour
lui, elle le sera pour tous. Que le déiste fasse une ex-
ception pour l'athée, et bientôt le chrétien en fera une
pour le déiste, et le chrétien catholique pour le chrétien protestant. Reconnaissez à la loi le droit d'atteindre des opinions, et dites où elle s'arrêtera!

De tous les journaux, *the Globe* est le seul
qui ait envisagé la question dans ce sens, et je
ne doute pas que, pour beaucoup de ses lecteurs,
il n'ait été inintelligible. C'est que le catholicisme
dont vous combattez en France les prétentions
despotiques n'est pas le seul en Europe. Depuis
Henri VIII, de dogmatique mémoire, il en
existe un autre, non moins oppressif et beaucoup plus inconséquent : comme son frère aîné,
il attache à de certaines croyances le salut et
la damnation; comme lui, il aspire à diriger
l'état; comme lui, il maudit cette liberté d'examiner et de choisir, sans laquelle pourtant il
n'existerait pas. Peut-être la prison qu'il assi-
gne à l'intelligence humaine est-elle de quelques
pieds plus large, mais c'est toujours une prison.
Ce catholicisme s'appelle *l'église anglicane.* Ses
richesses sont scandaleuses; son pouvoir est immense; et, immobile entre Rome, qu'il a dé-
trônée, et Edinburgh, qui le détrônera, il invo-
que contre l'une et l'autre le secours de la loi.
Les sectes dissidentes ne sont guère plus raison-
nables. Privées de quelques droits, elles font
bien appel aux principes, mais seulement pour
elles-mêmes. Tolérance dans la limite du protestantisme, en-deçà et au-delà exclusion et

persécution, voilà ce qu'elles nomment *liberté religieuse.*

Il ne faut pas se le dissimuler, malgré les efforts de quelques philosophes, un *infidèle* et un *papiste* sont encore, pour une grande portion de la race bretonne, deux objets également exécrables, et des deux je ne sais lequel lui inspire plus d'horreur. Quand nous parlons en France de l'émancipation catholique, nous n'y voyons guère qu'une question politique, et nous croyons qu'il en est de même en Angleterre. C'est une grande erreur. L'émancipation est surtout ici une question de théologie; et la soumission à un souverain étranger n'est, aux yeux du peuple, qu'une peccadille auprès de l'invocation des saints, des reliques et de l'eau bénite. Voulez-vous vous faire écouter, ne dites pas qu'il est juste et prudent d'émanciper l'Irlande, que l'esclavage de ce malheureux pays est pour ses maîtres une charge intolérable et les menace des plus grands dangers; mais parlez canons, bulles et transsubstantiation; prouvez que, s'il y a eu de mauvais *Grégoire,* il a existé d'excellents *Benoît;* fouillez dans les archives du Vatican, et établissez que la foi catholique n'autorise pas à manquer à son serment, et

que tuer un hérétique est un crime, malgré la
ressource du confessionnal; expliquez les indulgences; étendez-vous surtout longuement sur
le culte des images, et tâchez de démontrer
que l'adoration de la Vierge Marie n'est pas
une idolâtrie. Pour fléchir *John Bull*, de tels
arguments vaudront mieux que la philosophie
et l'utilité combinées. De cette disposition d'esprit il est résulté la plus étrange discussion,
et quand on a lu les dépositions des évêques
catholiques et protestants dans la dernière enquête, le livre du poète lauréat Southey, la
réponse de Butler, et les articles du *Quarterly-
Review*, on se demande si l'on est bien dans le
dix-neuvième siècle. C'est d'un côté la *prosti-
tuée de Babylone*, avec son cortége obligé d'im-
piétés et de sacriléges; de l'autre, *l'inébranlable
pierre* sur laquelle l'église doit reposer à jamais.
On s'accuse mutuellement de blasphème et d'hé-
résie, et quand la discussion s'échauffe, la
grande bête de l'Apocalypse est toujours là
pour prêter aux deux partis la terreur de ses
cornes et l'à-propos de ses applications. Quelquefois aussi on descend sur le terrain historique. Alors la question se réduit à savoir qui de
Marie ou d'Elisabeth a versé le plus de sang.

Chacun compte les martyrs de sa foi, et s'en fait une arme puissante. Celle-là a-t-elle brûlé plus de monde que celle-ci n'en a pendu? voilà ce qui doit décider si M. O'Connell siégera au parlement. *L'église* et *l'état* jouent dans un camp le même rôle que dans l'autre *l'unité* et la *perpétuité*. Ce sont des mots mystérieux que l'on prononce avec une religieuse gravité, mais sans jamais les expliquer. Dans cette lutte d'éloquence et de raisonnements, les protestants pourtant me paraissent avoir un avantage prononcé, et je ne sache pas que leurs adversaires se soient encore servis d'un argument aussi fort que celui-ci :

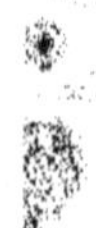

« Les catholiques se plaignent d'être privés
« des droits et des priviléges de notre consti-
« tution..... Oublient-ils que ces droits sont
« *protestants*, ces priviléges *protestants*, cette
« constitution essentiellement *protestante*. Voilà
« pourtant ce qu'ils prétendent obtenir d'un
« peuple *protestant*, et sans donner aucune sû-
« reté *protestante* : demande inconstitution-
« nelle, monstrueuse; demande que repousse
« tout principe de justice et de sens commun;
« demande abominable, et qui pourtant (*proh*
« *pudor!*) a trouvé des défenseurs dans un parle-

« ment *protestant,* et parmi des hommes qui se
« disent *protestants!* » (*Real grievances of the
Irish peasantry ;* Dublin.)

Je ne prétends pas que tous les adversaires
de l'émancipation soient aussi forts logiciens :
parmi eux il est sans doute des hommes de
conscience et même de talent ; mais tous leurs
arguments me paraissent fondés sur une étrange
erreur. A les entendre, on dirait qu'il s'agit de
décider si le catholicisme est ou n'est pas une
religion convenable dans un état constitutionnel. Rien de mieux s'il était question de créer.
Mais la foi ne s'établit pas ainsi *a priori.* Les
catholiques d'Irlande, bons ou mauvais citoyens,
sont un fait, un fait puissant, contre lequel toute la
force anglaise se brise depuis deux siècles. Or,
leur existence une fois reconnue, il reste à décider s'il vaut mieux les fondre dans le reste de
la nation ou les en tenir séparés, leur accorder
quelques droits qui leur manquent ou les réunir
dans un sentiment commun d'oppression et de
haine. On a renversé les barrières qui les em-
pêchaient d'acquérir fortune, éducation, puissance ; les liens dont un code barbare chargeait
toutes leurs facultés ont été brisés ; et ces facultés, on leur défend maintenant d'en faire usage.

Ils sont riches, et ne peuvent siéger au parlement; savants, et tous les degrés supérieurs de
l'ordre judiciaire leur sont inaccessibles; in-
fluents, et le droit d'administrer les lois leur
est aussi bien refusé que celui de les faire; nombreux, et chaque jour on les traite en esclaves,
en esclaves à qui l'on veut bien accorder quelques faveurs, mais qui ne doivent rien demander au-delà. « Tuez tous les Romains, disait
« aux Fourches Caudines un vieux Samnite,
« profond politique pour son siècle; tuez tous
« les Romains, ou renvoyez-les libres et hono-
« rés : les deux partis peuvent vous sauver; le
« parti moyen vous perdra. » Les Samnites ne
l'écoutèrent pas.

Sans les Samnites, qui se sont présentés fort
à propos pour terminer mon paragraphe, je
ne sais trop, monsieur, où je vous aurais conduit : car dès que l'on commence à parler de l'Irlande, on ne peut plus s'arrêter. Je ne me pro-
pose pourtant pas de vous mener bien loin
maintenant. Quand j'aurai lu attentivement les
huit volumes in-folio dont se compose l'enquête
parlementaire de 1825, peut-être hasarderai-je
de vous donner une opinion détaillée sur les
maux des Irlandais et les causes de ces maux.

En attendant, s'il vous est agréable d'assister aux scènes qui se jouent maintenant dans la patrie de Swift et de Sheridan, c'est un voyage que je puis aisément vous faire faire : il ne me coûtera que de réunir quelques feuilles de mon journal, et de vous les envoyer. Le 12 septembre, j'entrais en Irlande ; j'en suis sorti à la fin de novembre. Pendant ces deux mois, il n'est guère de comté que je n'aie visité, et jamais les hideux effets de l'intolérance ne m'avaient aussi vivement frappé. Il est en Suisse un collége où, durant les vacances, tous les élèves vont en masse parcourir les montagnes. Si cet usage s'établissait dans de plus graves assemblées, pour première excursion, je recommanderais à nos honorables représentants un tour dans le Connaught. Ils verraient là réunis tous les bienfaits d'une religion de l'état.

Deux mots encore pour terminer ce long avant-propos. La conduite des catholiques français inspire, en général, peu de sympathie pour leurs frères d'Irlande, et s'il m'arrive de défendre ceux-ci, les mots *étourderie, mollesse, idéologie*, vont retentir de nouveau. Par malheur, ici la pratique est si bien d'accord avec la théorie, et le principe d'utilité avec celui de justice, que tout ce qu'il y a d'intelligence en Angleterre s'est prononcé pour l'émancipation. A cet égard, M. Canning pense comme M. Brougham, et lord Castlereagh comme le marquis de Lansdowne; tandis que, de l'autre côté, tout le fanatisme ecclésiastique s'est rangé sous la bannière du banc des évêques et du lord chancelier. Les hommes d'état anglais ne passent pourtant pas pour *idéologues*. Cette circonstance ne devrait-elle pas éclairer nos amis, et leur prouver qu'entre la question des catholiques d'Irlande et celle des catholiques de France il n'y a point de rapport. Quelle que soit d'ailleurs leur foi, les catholiques d'Irlande défendent la même cause que nous. Ce qu'ils veulent, ce sont des droits égaux; ce qu'ils combattent, c'est le monopole religieux, c'est la persécution des opinions et des croyances; ce qu'ils attaquent, c'est surtout une église établie, qui, inutile aux treize quatorzièmes de la population (1), n'en possède pas moins le hui-

____

(1) La population de l'Irlande est de sept millions, sur lesquels on compte environ six millions de catho-

tième du sol en toute propriété, et, sur tout le reste, le dixième des produits (1). Voilà ce qu'une faction bigote et intolérante prétend maintenir, pour le plus grand bien de l'anglicanisme et de l'aristocratie. C'est pour sauver toutes ces belles choses qu'elle crie si haut contre l'émancipation. « Croyez-vous réellement », demandais-je un jour à l'un des membres les plus distingués du parti anglican, « qu'une cin- « quantaine de catholiques admis dans votre « parlement aient l'étonnant pouvoir de con- « vertir les six cents autres, et de tourner en « amour cette haine profonde du papisme qui « règne par tout le pays. » — « Rien de sem- « blable, me répondit-il; mais une fois l'é- « mancipation obtenue, les catholiques, unis « aux *dissenters*, attaqueraient les dîmes et « les propriétés ecclésiastiques. C'est là le corps « de la place dont nous voulons les tenir éloi-

---

liques, cinq cent mille *dissenters*, et cinq cent mille anglicans.

(1) La dîme n'est pas partout aussi forte. Elle varie selon les lieux et la nature des produits. Mais je ne puis entrer dans tous ces détails.

« gnés; et pour cela, la question de l'émanci-
« pation est un rempart merveilleux. Tant
« qu'ils s'y amuseront, ils ne penseront pas à
« autre chose. » Le secret de l'église est dans
ce peu de mots.

Agréez, monsieur, l'assurance de ma parfaite considération.

IIᵉ LETTRE.

MEETING DE BALLINASLOE. — TRACES DE LA CONQUÊTE. — AGITATION GÉNÉRALE. — CONNAUGHT. — RASSEMBLEMENT DANS UNE ÉGLISE. — PORTRAIT DE SHIEL. — CATHOLICISME IRLANDAIS. — REMERCÎMENTS. — RÉSUMÉ. — INFLUENCE DES PRÊTRES CATHOLIQUES. — RECENSEMENT DE WATERFORD.

J'assistais le 8 octobre au *meeting* de Ballinasloe, et voici ce que j'écrivais le lendemain :

« *To hell, or to Connaught* (en enfer, ou dans le Connaught). » Il y a plus de cent soixante ans que Cromwell prononçait ces terribles paroles, et on dirait que, depuis, elles ont servi de règle à toutes les légitimités qui lui ont succédé. En Irlande, comme en France après l'invasion, comme en Angleterre après la conquête, il existait des vainqueurs et des vaincus, que le temps eût rapprochés, si la politique anglaise ne s'était épuisée à les tenir perpétuellement divisés. Aussi le sol de ce malheureux pays porte-t-il encore deux races bien distinctes, l'une qui commande et l'autre qui obéit, l'une qui se repose et l'autre qui travaille, l'une qui souffre et l'autre qui jouit. Excepté dans quelques grandes villes, en vain chercherait-on ici ces classes intermédiaires, ornement et force de la société. Rien entre le maître et l'esclave, entre le palais et la hutte, entre toutes les douceurs de la vie et le dernier degré de misère; rien enfin entre l'Anglais et l'Irlandais, le protestant et le catholique, car en définitive tout aboutit là ; et ces différences ne sont point, comme ailleurs, le résultat naturel de l'inégalité des facultés et du droit de propriété. La conquête les a créées, l'oppression maintenues; et bien que depuis 1782 il soit permis aux catholiques d'acquérir, quarante ans d'imparfaite tolérance n'ont pu effacer les traces d'une aussi longue dégradation. Les dix-neuf vingtièmes de la propriété appartiennent encore aux Anglais, aux protestants; et les catholiques enrichis sont des parvenus qu'on méprise. Quant aux paysans, c'est tout au plus si on les met au rang des moutons et des bœufs. Entendez raisonner le *land-lord* le plus libéral sur ce qu'il appelle l'insurrection des électeurs à quarante shillings (1). Il ne conçoit pas qu'ils puissent avoir une volonté, une opinion, une conscience. Qu'importe que lord George Beresford fût l'ennemi déclaré des catholiques ? Il était leur seigneur : ils devaient le nommer. Ne les avait-il pas d'ailleurs faits pour cela (2)? Les pousser à une désobéissance aussi coupable, c'est rompre tous les liens de la société ; c'est ramener sur la terre la confusion et le chaos. Autant vaudrait conseiller au cheval de se révolter contre l'homme.

Voilà ce que j'entends répéter chaque jour ; et tous les arguments des colons de la Martinique et de la Guadeloupe, quand il est question de leurs nègres, je les retrouve ici dans des bouches qui, de l'autre côté du canal Saint-

---

(1) On sait que dans la dernière élection beaucoup de ces électeurs ont voté contre leur seigneur. C'est ainsi que lord George Beresford a perdu le comté de Waterford.

(2) Pour être électeur en Irlande, il suffit d'avoir *un intérêt à vie de quarante shillings;* et cet *intérêt,* un acre ou un demi-acre peut le donner. De là la coutume de planter des électeurs comme des arbres sur sa propriété.

George, crieront de toutes leurs forces : « *No slave trade, no slavery* (point de traite des noirs, point d'esclavage)! » Il est pourtant une liberté plus sacrée que les autres et dont personne n'a encore songé à priver les catholiques d'Irlande, celle de se rassembler et de discuter publiquement leurs propres affaires. Ainsi, ce que n'oseraient tenter en France les quatre-vingt mille électeurs, aristocratie du pays, une caste opprimée le fait ici sans crainte et sans obstacle. Convoquée chaque jour par une presse libre, elle est maintenant en mouvement sur toute la surface de l'île. Il n'est pas un comté, pas une ville, pas un bourg, pas une paroisse, où elle ne se réunisse pour adresser des pétitions au nouveau parlement, voter des remercîments aux *forty shillings freholders*, et, ce qui vaut mieux, offrir quelques secours à ceux que leurs maîtres ont impitoyablement chassés. Cependant O'Connell et Shiel courent de province en province, de *meeting* en *meeting*. Partout on les accueille avec enthousiasme ; partout leurs éloquentes déclamations réveillent dans l'âme des vieux Milésiens le sentiment de leur force et de leur dégradation. Pour se faire obéir, ils n'ont besoin ni de gendarmes ni de soldats. Un mot d'eux est plus puissant que vingt décrets du lord lieutenant, et les délégués de la vieille Angleterre tremblent devant deux avocats. Admirable fruit d'une sage politique! résultat brillant d'une administration qui prétend gouverner à coups de sabre et convertir à coups de lois!

A l'entrée du Connaught, dans la petite ville de Ballinasloe, il se tient chaque année une foire où cent vingt mille moutons et quarante mille bœufs paraissent sur le marché. Là, le fermier du *Connaught* vient vendre, et celui du *Leinster* acheter; là, des provinces les plus reculées de l'Irlande, on accourt en foule comme pour un congrès général. Les catholiques ne pouvaient choisir une meilleure époque ni un meilleur théâtre. Si l'antique *Eryn* existe encore quelque part, c'est dans le Connaught. Située à l'extrémité de l'Irlande, soumise la dernière et quelquefois assignée comme prison à la population vaincue, cette province a plus que toute autre conservé ses anciennes mœurs, son ancienne religion, et jusqu'à son ancien langage. Plus tôt qu'ailleurs il s'y est formé une *gentry* (1) indé-

____

(1) C'est ainsi qu'on appelle la classe des propriétaires campagnards.

pendante, dont la croyance et les intérêts sont ceux de la majorité. C'est cette gentry surtout que blessent les lois pénales, et c'est elle qui hier s'était rassemblée en foule à Ballinasloe. Éman-. cipation, émancipation pleine, entière et sans restriction, tel est aujourd'hui le cri de six millions d'hommes. On dirait que ce seul mot renferme un remède à toutes les souffrances de l'Irlande. Pour le propriétaire catholique, il signifie un siége au parlement, pour l'avocat une robe de soie (1), pour le pauvre du pain. Au milieu de cette fièvre d'espérances, l'homme sage sait que les résultats de tant de siècles d'oppression ne se détruisent pas en un jour ; mais il sait aussi que sans l'émancipation rien ne peut se faire, et il seconde le mouvement qui tend à l'obtenir. Nous ne sommes plus au temps de l'ilotisme, et pour exister en paix sur le même sol, il faut que tous aient les mêmes droits. En France, un enfant comprendrait

---

(1) La robe de soie donne à l'avocat que le roi veut bien en revêtir d'importants priviléges, par exemple celui de faire appeler la cause dont il est chargé avant toute autre.

cela. Dans cette Angleterre d'ailleurs si éclairée,
il est encore des hommes d'état qui le nient.
Pour l'honneur de leur intelligence, espérons
qu'ils ne sont pas de bonne foi ; ou pour l'honneur de leur bonne foi. . . . . . . : c'est à eux de
choisir.

Une vieille église sans ornements, peinte à la
chaux, et à demi délabrée ; devant l'autel, une
plate-forme grossièrement construite ; à gauche
une tribune pour les hommes, une autre pour
les femmes à droite ; sur la plate-forme, deux
cents *country gentlemen* dans un négligé un peu
prétentieux ; et partout ailleurs une populace
campagnarde d'un aspect sauvage et d'un cos-
tume pittoresque : tel est le singulier spectacle
qu'offrait d'abord le grand *meeting* de Ballinasloe. Après avoir, comme d'usage, appelé au fauteuil le personnage le plus distingué, et choisi
pour secrétaire l'un des plus habiles, la séance
s'est ouverte, le plus profond silence a régné,
et une série de *resolutions* préparées la veille a
successivement été présentée. Le souvenir des
country gentlemen du Lancashire me faisait un
peu redouter l'éloquence de ceux du Connaught ;
presque tous pourtant se sont exprimés avec
chaleur et facilité. Pendant que l'un d'eux dé-

plorait la longue perfidie de l'Angleterre, et rappelait le menaçant exemple de l'Amérique, un tonnerre d'applaudissements a tout à coup éclaté ; tous les chapeaux se sont balancés au-dessus de toutes les têtes ; et un cri perçant, signe de joie chez les Irlandais, a ébranlé les voûtes de la chapelle. C'était M. Shiel qui paraissait sur la plate-forme, et dont la présence inattendue produisait cet effet. Si j'avais à rédiger le signalement de M. Shiel, voici à peu près quel il serait : *Cinq pieds, yeux vifs et perçants, teint pâle, menton prononcé, cheveux noirs;* et, en y joignant *la bouche moyenne*, je me flatte qu'on ne ferait pas mieux au bureau des passe-ports. Mais c'est là le portrait du *gentleman :* celui de l'orateur est bien autre ; et lorsqu'on voit cette petite figure gasconne en repos, on ne peut soupçonner tout ce que la passion peut en faire. Il y a dans Shiel du Juvénal, du Pindare et du Mirabeau. Sa satire est âcre et déchirante; sa poésie éblouit ; son enthousiasme entraîne. S'il lance le sarcasme, un sourire amer contracte ses lèvres; quand il menace, ses yeux lancent des éclairs; ils prennent une expression sublime quand l'inspiration poétique le domine. Sa voix est maigre , glapissante; mais une profonde émotion semble en régler toutes les vibrations. Ses gestes sont brusques, tranchants, un peu désordonnés, mais toujours en parfait rapport avec les sentiments qu'il exprime. Shiel a l'étonnante faculté de s'animer presque jusqu'au délire en restant maître de lui. J'étais à ses côtés pendant qu'il parlait, et plus d'une fois j'ai vu tous ses membres trembler : un moment après, il reprenait la discussion avec autant de calme que d'esprit. Comme les Anglais, auxquels pourtant il ressemble si peu, Shiel aime trop les citations. Certains traits de mauvais goût déparent aussi son discours, et l'on trouve en général dans ses gestes et sa diction quelque chose de théâtral. Ces reproches peuvent être fondés, et souvent en effet j'ai cru avoir Kean devant les yeux; mais Kean est un admirable acteur ! Enfin, j'ai été séduit, ébloui, et toute l'assemblée avec moi. Pendant une heure, une seule âme, celle de l'orateur, a semblé animer cette masse vivante, et, de temps en temps, on eût dit qu'une commotion électrique l'ébranlait tout entière. Jamais je n'avais assisté à un triomphe aussi complet.

Avant M. Shiel, plusieurs orateurs s'étaient

fait applaudir; après lui, il semblait qu'il n'y eût plus qu'à se taire. Un jeune homme du comté, M. Macdermot, a pourtant encore su réveiller l'attention. Que pense monsieur l'évêque d'Hermopolis des propositions suivantes?

1° L'état ne doit point avoir de religion. Il faut qu'il soit neutre entre toutes.

2° On peut être sauvé dans toute religion, pourvu qu'on croie de bonne foi cette religion la meilleure.

3° Vouloir s'emparer de l'éducation pour en faire le monopole d'une classe quelconque, c'est troubler la société.

4° L'esprit de prosélytisme est blâmable, et chaque croyance doit rester tranquille dans ses limites.

5° Pour être vertueux, il est nécessaire que des prêtres soient pauvres : s'ils s'enrichissent, ils se corrompent.

Voilà certainement de détestables maximes, des principes impies, athées, et le *philosophisme* n'a rien produit de plus dangereux. Ce sont pourtant ceux que les catholiques prêchent depuis Dublin jusqu'à Galway, depuis Derry jusqu'à la baie de Bantry; et comme le catholicisme est essentiellement *un*, je dois croire que nous avions jusqu'ici méconnu ses doctrines. Il y a plus, et l'on peut ici se moquer tant qu'on veut de la Bible, pourvu que ce soit en attaquant les sociétés bibliques. M. Shiel l'a fait plus d'une fois, et les prêtres ne l'en aiment que mieux. Avec cette petite précaution, Voltaire lui-même eût été leur favori. On a lu hier au *meeting* une lettre toute remplie de ce jargon mystique qu'on admire tant dans nos modernes séminaires. Ce n'étaient que pieux soupirs, que fervents actes de contrition, que dévots élans vers le Ciel, le tout assaisonné de comparaisons et de figures empruntées à la Bible. A Paris, on l'eût citée comme la sublime effusion d'une âme tendre et religieuse; mais un ministre de l'église établie l'avait écrite, et on en a ri à Ballinasloe comme d'un modèle d'hypocrisie et de sottise. Enfin le protestantisme et le catholicisme semblent ici avoir changé de rôle : l'un est dogmatique, intolérant; l'autre s'est presque fait philosophe. C'est une incarnation plus surprenante que toutes celles de Wistnou : aussi tout le monde n'y croit-il pas. Quoi qu'il en soit, je voudrais savoir si *l'É-toile* traduira la phrase suivante de M. Macdermot : « On nous parle sans cesse de *protes-*« *tant ascendancy* (prééminence du protestan-

« tisme)! Ce mot *ascendancy* dans un état li-
« bre, je ne le comprends pas; et appliqué au
« catholicisme, il me ferait autant d'horreur
« qu'il m'en fait aujourd'hui. »

Comme nous n'avions personne pour crier la
clôture, il a fallu vers la fin du jour endurer
l'éloquence de quatre ou cinq orateurs de la plus
prolixe modestie. Tous commençaient par annoncer qu'ils n'abuseraient point de notre patience, et tous parlaient pendant une heure,
alongeant encore leurs discours à force de répéter qu'ils ne diraient que deux mots. Trois d'entre eux s'appelaient *princes*, car il est bien peu
d'Irlandais qui ne descendent d'un ou deux
rois au moins. Par malheur on s'est aperçu que
leurs altesses n'avaient point encore de minis-
tres-rédacteurs. Ensuite sont venus les remercîments, qui, comme de raison, ont appelé de
nouveaux remercîments de la part de ceux
qu'on remerciait. Les sentiments se sont trouvés
au-dessus de toute expression, ce qui n'a pas
empêché de les exprimer longuement. On a ainsi
remercié les électeurs, le secrétaire, les orateurs,
les journalistes, lord Wellesley, M. O'Connell,
les spectateurs, et, je crois, jusqu'au char-
pentier qui avait élevé la plate-forme. En-

fin le tour du président est arrivé. On l'a remercié pour la manière pleine d'impartialité et de
dignité avec laquelle il avait répété cinquante
fois : « Que ceux qui sont d'avis d'adopter la ré-
« solution veuillent bien dire *Oui;* que ceux qui
« sont d'un avis contraire veuillent bien dire
« *Non.* » Il était alors sept heures du soir ; trente
résolutions et une pétition avaient été votées à
l'unanimité ; et, en quittant la chapelle, les catholiques du Connaught se sont réunis autour
d'une table où, de santé en santé, et de discours
en discours, les plus intrépides sont restés jusqu'à quatre heures du matin. Pendant ce temps
le vin de *Porto* n'a cessé de circuler et le punch
de couler. Que de peine il faut se donner pour
obtenir justice !

Un *meeting* ne peut être aussi dramatique
qu'une journée d'élection. C'est une revue com-
parée à une bataille ; mais une revue peut quelquefois révéler bien des choses. Dans le temple
d'un culte persécuté, j'ai vu se presser une immense population ; je l'ai vue frémir au récit de
ses souffrances, rugir au nom de ses oppresseurs,
s'exalter aux mots d'Amérique et de liberté.
Soumise à ses prêtres et à ses orateurs, unie,
compacte, je l'ai vue prête à répondre au pre-

mier appel. L'Angleterre a-t-elle donc oublié Boston ? Il y a dans la nature humaine quelque chose d'élevé qui se révolte contre toute contrainte ; et, loin de l'affaiblir, deux siècles de persécution ont rendu le catholicisme national en Irlande. C'est peut-être un malheur ; mais c'est un fait, et l'histoire de tous les temps eût dû l'apprendre d'avance. On reproche aux paysans irlandais d'être les esclaves de leurs prêtres : qui les a rendus tels ? Entrez dans cette misérable hutte de terre, sans cheminée, sans lit, sans meubles d'aucune espèce ; et regardez cette famille nombreuse qui, étendue pêle-mêle sur le sol, n'a pas même un matelas pour se coucher, une couverture pour étendre sur soi. Que d'ennemis, que d'oppresseurs autour d'elle ? Ce sont d'abord les *middlemen*, fermiers intermédiaires, tyrans du second ordre, employés par le propriétaire absent pour extraire du pauvre cultivateur une rente exorbitante. C'est le prêtre protestant, qui, la menace à la bouche, vient extorquer sa part d'une nourriture à peine suffisante. Sur dix pommes-de-terre, une lui appartient, à lui qui, ministre d'une religion ennemie, ne sait que maudire et insulter. Ce n'est point tout encore. On désire bâtir une église nouvelle ou réparer l'ancienne. Aussitôt un conseil de protestants s'assemble ; une taxe (*church rate*) est votée par lui, et cette taxe, le misérable catholique doit encore la payer. S'il s'y refuse, ou ne le peut, son cochon est saisi et sa ruine consommée. Enfin de ce pillage organisé, de ce vampirisme légal, la *gentry* veut aussi tirer quelque chose. Réunie en grand jury, elle décrète les routes qui peuvent rendre plus agréables les approches de ses châteaux, et de nouveaux agents fiscaux parcourent les chaumières, où ceux de l'état ne manquent pas de les joindre. Dans cette horrible situation, un homme paraît, qui, revêtu d'un saint caractère, apporte des consolations. Il parle au nom de Dieu, promet une autre vie, montre au-delà de celle-ci un bonheur sans mélange pour prix de tant de souffrances et de résignation. Comment ne serait-il pas écouté ? Cet homme d'ailleurs n'est pas un étranger : c'est un frère, un ami. Sorti lui-même de la hutte, il en connaît les douleurs ; il est pauvre aussi, il est Irlandais, il est opprimé ; et la sympathie humaine prête une nouvelle force à la parole divine. Encore une fois, comment ne serait-il pas écouté ?

Qu'on ne s'étonne donc pas des progrès du

catholicisme en Irlande? Y renoncer, ce n'est point seulement changer de religion, c'est changer de pays; et le même mot, celui de *Sassenach* (Saxon), désigne à la fois l'Anglais et le protestant. Au *meeting* de Ballinasloe, M. Shiel a lu l'extrait d'un recensement nouvellement terminé dans le comté de Waterford. Il s'y trouve 10,000 protestants, et 230,000 catholiques: de tels chiffres en disent plus que tous les raisonnements. Voilà pourtant la faible minorité qui prétend garder pour soi tout le pouvoir! C'est elle qui, par des lois, par des discours, par de publiques processions, opprime et brave chaque jour une nation tout entière!

Cet état de choses ne peut durer; il faut qu'il cesse par la loi ou par la violence : et, pour me servir du langage des hommes d'état, en Angleterre l'abaissement des catholiques n'est qu'un crime; en Irlande c'est plus, c'est une faute.

IIIe LETTRE.

EFFROI DES ORANGISTES. — DISCOURS DU DUC DE MONTÉ-
BELLO. — MAGNANIMITÉ ANGLAISE. — ÉGOÏSME DES
CATHOLIQUES. — L'ASSOCIATION. — PORTRAIT D'O'CON-
NELL. — LAWLESS ET WYSE. —, M. ENEAS MACDONNELL,
— DISCOURS D'O'CONNELL. — PUISSANCE DE L'ASSOCIA-
TION. — MÉPRISE ORANGISTE.

Un peu de fumée sur le penchant du Vésuve suffit pour faire pâlir l'habitant de Portici, et l'orangiste d'Irlande se croit perdu s'il entend murmurer : tolérance, liberté, révolution surtout. A ces terribles paroles, fussent-elles prononcées au hasard, son corps s'agite, son visage se décompose, et son trouble donne le secret de sa faiblesse. En voici un exemple récent. Un de nos compatriotes, le duc de Montébello, assistait au *meeting* de Ballinasloe. Flattés d'avoir un pair de France pour témoin de leurs énergiques réclamations , les catholiques du Connaught lui ont adressé des remercîments, auxquels il a répondu en faisant des vœux pour le succès de leur cause. C'est ce qui arrive tous les jours en Angleterre. Eh bien, en Irlande, cette circonstance si simple est tout à coup devenue une affaire d'état. Les catholiques s'en sont réjouis comme d'un événement de la plus haute importance, et le gouvernement a eu la folie de s'en effrayer. Plus d'un conseil privé s'est rassemblé à Dublin pour délibérer sur les dangers de la partie; des *meetings* protestants ont eu lieu, où l'on a parlé de trahison, de donjon, et même de potence. Pendant ce temps, les journaux ne restaient point en arrière. L'un dénonçait à l'exécration publique « le fils de « l'un des chefs de cette horde sanguinaire que « la France, aux jours de son athéisme, a « vomie sur l'Europe »; l'autre en faisait l'émissaire des jésuites de Rome, et invoquait contre lui l'*alien-bill*, qui n'existe plus. Le grave *Courrier* voyait dans le discours du duc de Montébello *le pied fourchu de l'invasion étrangère;* et le *John Bull*, avec une délicatesse tout aristocratique, lui reprochait surtout de n'avoir pas deux cent mille livres de rente, armant ainsi un préjugé contre l'autre. Tous enfin ont rêvé l'Irlande en feu, et le *Times* lui-même, le sage *Times*, a sérieusement envoyé *Sa Grâce* (*His Grace*) conspirer, avec M. Shiel, contre la religion protestante et la maison de Hanovre. Dans cette puissante Grande-Bretagne, c'étaient enfin toutes les petites craintes, tous les misérables soupçons, toutes les honteuses angoisses du gouvernement lombardo-autrichien. Juste châtiment de l'intolérance et de la persécution! C'est pour les opprimés un commencement de vengeance.

Quel était donc ce discours à la fois jésuitique et séditieux, diplomatique et incendiaire, ce discours qui a ébranlé l'empire britannique et fait trembler sur sa base la *glorieuse, pieuse et immortelle* statue du grand roi Guillaume? En voici la traduction :

« Si j'étais Irlandais, je me rendrais digne
« de l'honneur que vous venez de m'accorder,
« en défendant votre cause. Mais, étranger,
« que puis-je? si ce n'est faire les vœux les
« plus ardents pour votre délivrance. On est
« heureux de trouver des hommes pour qui les
« mots de tolérance et de justice ne sont point
« de vains sons. Ces hommes sont nombreux

« en France. Et comment serions-nous insen-
« sibles à vos souffrances, nous qui, libres de-
« puis si peu de temps, n'avons point encore
« oublié le temps où nous luttions pour le de-
« venir? Enfin nous avons conquis la liberté
« civile et religieuse ; nous l'avons conquise par
« cette glorieuse révolution, si mal connue de
« ceux qui ne voient que ses excès ; et, quoique
« catholiques pour la plupart, si demain le
« protestantisme était blessé dans ses droits,
« nous nous lèverions contre les empiétements
« du catholicisme, comme vous vous levez au-
« jourd'hui contre ceux de l'église dominante.
« Permettez-moi donc, au nom de la France
« libérale, de vous souhaiter une prompte et
« complète émancipation. En persistant dans
« vos efforts, vous ne pouvez manquer de l'ob-
« tenir, et je ne puis croire que l'admirable
« constitution anglaise reste toujours désho-
« norée par l'ilotisme politique de six millions
« d'hommes. »

De tels sentiments n'ont rien que de noble et
de généreux. Exprimés au nord de l'Angleterre,
on les eût trouvés parfaitement innocents, le
Courrier n'en eût rien dit, et le *Times* les eût
loués ; mais l'Irlande les avait applaudis, et,

dès qu'il est question de l'Irlande, les Anglais perdent la tête. Quand les plus sages en parlent, c'est avec un orgueil de conquérant, avec une naïveté de dominateur, qui reportent aux siècles de Henri II et de Cromwell. A leurs yeux, il ne s'agit point de *droits*, mais de *faveurs*. Ce sont de hauts et puissants seigneurs qui daignent consentir à émanciper leurs esclaves. Aussi faut-il voir comme ils s'indignent contre tout ce qui ressemble à une sommation. « Priez, « s'écrient-ils, et ne menacez pas. Priez : « nous sommes *Anglais* et pleins de magnani- « mité! Voyez avec quelle politesse nous trai- « tons les réclamations de vos frères d'Angle- « terre! Il est vrai qu'ils n'ont encore rien « obtenu, tandis que vos révoltes semblent « vous avoir valu quelques droits importants; « mais si nos gracieuses concessions vous ont « été chercher pendant la guerre d'Amérique, « la révolution française et vos insurrections, « le hasard seul a fait cette coïncidence. Quant « aux catholiques d'Angleterre, nous ne diffé- « rons nos faveurs que pour les rendre plus « éclatantes. Priez donc, et vous verrez. » Selon d'autres, les catholiques d'Irlande sont trop nombreux pour qu'on puisse les affranchir sans danger. Au lieu de sept contre un, s'ils n'étaient qu'un contre sept, ce serait tout diffé- rent. En Angleterre, c'est tout le contraire. Les papistes y forment une faible minorité, et l'on sait que la minorité doit toujours se sou- mettre à la majorité. Lisez d'ailleurs les dépo- sitions reçues en 1825 par la chambre des com- munes. Vous y trouverez, à plusieurs reprises, qu'il est faux que la question de l'émancipation agite le pays : « Car, si les prêtres et les gentle- « men catholiques le voulaient bien, il dépen- « drait d'eux d'en faire perdre au peuple le « souvenir. » Par malheur, les prêtres et les gentlemen n'ont pas cette complaisance. Au lieu de prôner noblement le bâton qui les frappe, ils sont assez peu généreux pour dire qu'ils le trouvent dur, et montrer les traces des coups qu'ils ont reçus. Quel incroyable égoïsme ! et que de tels hommes méritent bien les injures que la presse anglaise ne cesse de leur adresser ! Cela rappelle cet animal dont un voyageur ter- minait ainsi la description : « Il est si féroce « qu'il se défend quand on veut le tuer. »

A la tête de ces sujets déloyaux, de ces cou- pables agitateurs, se trouve l'association catho- lique, société nombreuse, puissante, où tous

les amis de la liberté religieuse sont appelés à
siéger. Son histoire est assez bizarre. Fondée
il y a cinq ans environ, elle avait acquis une
puissance formidable, quand, à la session dernière, le parlement s'est avisé de la supprimer.
C'était, disait-on, *imperium in imperio.* Aussi
M. Canning et M. Peel, lord Eldon et
M. Plunkett, se sont-ils réunis contre elle, et
un bill en quinze longs paragraphes a décrété
sa mort. Six mois après, elle avait reparu. Si
l'acte du parlement la tue comme société politique, qui l'empêche de renaître comme société
d'éducation ? Une clause formelle du *bill* lui
défend de lever un impôt pour intenter des
poursuites judiciaires ; mais une souscription
pour secourir les pauvres ne saurait être coupable. Enfin, s'il n'est point permis de s'assembler plus de quatorze jours de suite pour discuter et voter des pétitions au parlement, on
peut dissoudre le *meeting* au bout des quatorze
jours de rigueur, et la semaine suivante en con-
voquer un nouveau. De tous ces moyens pas
un n'a été négligé, et la haute sagesse du parlement n'a fait que rajeunir la vieille association :
tant, en Angleterre, il est difficile de porter
atteinte à ce droit de s'assembler, droit sacré,

droit imprescriptible, et qui tient lieu de tant d'autres. La France a encore quelques leçons à prendre chez ses voisins.

L'association tient ses séances dans une salle oblongue, entourée de gradins, et disposée à peu près comme la chambre des communes. La première fois que j'y suis entré, un homme de cinquante ans environ était debout, qui, la main dans sa poitrine, semblait jeter négligemment son opinion à trois cents personnes attentives. Cet homme était O'Connell, *la gloire de Kerry et l'orgueil de Munster*. Sa taille est élevée, sa tournure imposante, sa figure pleine de franchise et de finesse, quoiqu'un peu campagnarde ; et, quand il parle, aussi mobile que son imagination, sa physionomie exprime en deux minutes vingt passions différentes. Point d'étude dans ses gestes ni dans son langage. Avec lui, on sent la pensée naître et se développer ; on la voit, pour ainsi dire, se revêtir d'une forme sensible ; et les mots, les gestes, l'accent, tout se produit à la fois et par un seul effort. Il menace, et son corps entier semble suivre le défi qu'il lance à l'Angleterre ; il plaisante, et avant que la plaisanterie soit sur ses lèvres, une gaîté expansive anime déjà ses traits. Je ne connais pas d'orateur qui donne autant l'idée d'une profonde conviction. Entre son éloquence et celle de Shiel, il n'y a pas moins de différence qu'entre leurs personnes. L'une, plus classique, est toute de calcul; l'autre, plus populaire, toute d'inspiration.

Shiel est auteur dramatique. Pour lui un discours est un morceau d'éclat, médité d'avance et livré à l'admiration publique, comme une tragédie. Pour O'Connell, c'est une conversation sublime ou familière, suivant le besoin ou l'émotion du jour. En se préparant, le premier peut remuer les âmes sans sortir des généralités. Il faut au second une circonstance qui le pousse, un intérêt du moment qui l'inspire. Shiel enfin est l'homme brillant, O'Connell l'homme d'affaires de l'association. Bien que l'un des avocats les plus occupés de Dublin, on l'y trouve toujours le premier et le dernier; il y court en quittant le tribunal, et si par hasard il se fait attendre, personne ne songe à le remplacer. C'est lui qui fait les propositions, lui qui dirige la discussion, et qui l'emporte presque toujours. Quand il se lève, on se tait; quand il a cessé de parler, la salle retentit d'applaudissements; quand il se retire, l'association semble se retirer avec lui. Quelle modestie survivrait à une semblable situation!

Celle d'O'Connell y a complétement succombé; et, où ses ennemis voient une factieuse ambition, il n'y a bien souvent que de la vanité. La popularité le gouverne; il en est l'esclave; s'il la perdait, il mourrait. Sauf un ardent amour pour son pays, je ne lui crois pas au reste de principes bien arrêtés. Il loue Bolivar et la Sainte-Alliance, Napoléon et l'évêque d'Hermopolis. Jacques II lui paraît aujourd'hui un Dieu, demain un tyran. Il tonne contre les sociétés bibliques, et élève aux nues les missionnaires de France; il se déclare le champion de la souveraineté du peuple et du droit divin. En un mot, comme on l'a justement observé, il y a en lui huit ou dix hommes différents, qui ne sont pas toujours d'accord entre eux, mais qui se réunissent pour maudire les lois pénales et détester les oppresseurs de l'Irlande. Cependant le penchant secret d'O'Connell est, je crois, pour l'ancienne monarchie avec ses titres, ses décorations et ses hochets de toute espèce. Quand, en 1820, George IV vint à Dublin, le patriote irlandais fut fidèle à ses antichambres; et ce ruban vert, que, comme chef de l'ordre des Libérateurs (1), il porte autour du cou, malgré les railleries du pays, atteste sa faiblesse. Sous quelques rapports, O'Connell est le Châteaubriand de l'Irlande. Comme ce grand écrivain, il s'enivre de ses propres paroles. A force de parler religion, il est devenu religieux. Dans tous ses discours on retrouve l'homme des anciens temps. Ce qui l'émeut, c'est toujours *l'île d'Émeraude* avec ses tours gothiques et ses souvenirs plus gothiques encore. Il pleure au nom des grands *Dublachtah, Flabhertak, Bryan Borhomhe*, princes magnanimes qui, avant l'invasion des Danois, faisaient le bonheur de l'Irlande; et, dans les temps modernes, le prêtre catholique a presque seul le privilége de l'attendrir. Entre de pareilles idées et les nôtres il y a peu de rapport, et pourtant je défie d'entendre O'Connell sans être profondément ému. Tel est l'étonnant pouvoir d'une éloquence de sentiment :

----

(1) Après l'élection de Waterford, O'Connell s'est avisé de créer un ordre des Libérateurs, dont, comme de raison, il s'est trouvé le chef: Les journaux annoncent que dernièrement il y a fait recevoir son petit-fils, âgé de deux mois.

pendant quelques minutes elle vous arrache à vous-même.

Il n'y a pas dans les idées d'O'Connell autant d'ordre que d'abondance. On dirait qu'elles se pressent pour sortir, et que, troublé par ce combat intérieur, il n'a pas lui-même la force de les maîtriser. Ce sont de jeunes recrues mal disciplinées ; mais en revanche que de courage, que de vigueur, que d'impétuosité! C'est surtout au milieu du peuple qu'O'Connell se montre tout entier. Connu personnellement des paysans irlandais, et vivant avec eux une partie de l'année, il a quelque chose de leurs manières, de leur langage et même de leur accent. Il faut le voir dans une église du *Munster*, la cravate défaite, et son gilet déboutonné. Il vante la beauté de l'Irlande, les délices de ses vallées, les charmes de ses collines, et surtout l'incontestable supériorité de ses habitants sur ceux du reste de la terre ; et, pour peu qu'il y ajoute, *the children of your bosom, and the wives of your affection* (1), des larmes de joie brillent

____

(1) Les enfants de votre amour et les épouses de votre cœur.

dans tous les yeux. Il ne prétend pas d'ailleurs en savoir plus que l'Irlande. Il prête une voix éloquente aux sentiments, aux passions, aux préjugés même de six millions d'hommes, et voilà tout. De là son extrême popularité, de là aussi ses nombreuses contradictions. Mais ses contradictions sont pour ainsi dire nationales, et ses inconséquences patriotiques. Qu'importe au peuple qu'on ne lui dise pas aujourd'hui ce qu'on lui a dit hier, pourvu que toujours il entende ce qui lui plaît? Ce que le peuple veut, c'est l'émancipation : pour l'obtenir, il ira du ciel aux enfers; il sera *tory* et *radical*, loyal et rebelle, sans soupçonner qu'il varie : O'Connell est du peuple. C'est un miroir dans lequel l'Irlande se voit tout entière, ou plutôt il est l'Irlande elle-même. On l'a comparé à un paysan inspiré. Ce paysan-là, s'il le voulait, en aurait demain un million d'autres à sa suite.

Je voulais parler de l'association, et je n'ai parlé que d'O'Connell : c'est qu'en cet homme extraordinaire elle vit tout entière. Jetons pourtant un coup d'œil sur quelques autres de ses membres. Voici *Jack Lawless* à l'extrémité de la table. Ami de *Cobbett* et chef de l'opposition, il se lève toujours après O'Connell, et rarement

sans le combattre. Il a cinquante ans, et sa figure rappelle celle de l'acteur Lepeintre, avec plus d'énergie et des traits plus prononcés. Dans son humeur hargneuse, il frappe sans discernement; mais quelquefois il frappe juste, et sa brusque franchise lui fait des partisans. C'est le plus grand ennemi de *la gloire de Kerry*.....
A côté de Shiel j'aperçois M. *Wyse*, homme d'esprit, de sens et de talent. Après avoir passé dix ans en Grèce et dans l'Orient, M. Wyse a épousé l'une des filles de Lucien Bonaparte; et l'intolérance dont il a partout vu les funestes résultats, il vient maintenant la combattre dans son pays. Pour la hauteur des vues, l'étendue de l'instruction et la droiture des idées, il est au-dessus de tout ce qui l'entoure, et peut-être sa popularité en souffrira-t-elle. Voyez au contraire M. Eneas Macdonnell, agent des catholiques à Londres. Avec quel transport on l'applaudit quand il dit que le catholicisme n'a jamais été persécuteur! Doué d'une constitution herculéenne et d'une poitrine de fer, il s'est d'ailleurs fait l'ennemi personnel des *bibliques*. Il les poursuit de comté en comté, les traque de *meeting* en *meeting*, et les force de l'écouter. A Ballinasloe, il a parlé dix-huit heures en trois

jours, et sans la gendarmerie il parlerait peut-
être encore! C'est aussi lui que j'ai entendu s'é-
crier une fois : « On accuse le catholicisme
« d'être contraire à la liberté.... Contraire à la
« liberté!.... La religion de Montesquieu, de
« Bossuet et de Richelieu, contraire à la liberté!
« Quelle affreuse imposture! » M. *Wyse* ne
trouverait pas de ces traits-là.

Les orateurs connus, il resterait à suivre une
discussion. Mais de quel intérêt seraient pour
nous les disputes de M. Bric et de M. Lawless,
les injures ou les louanges prodiguées à lord
Wellesley, la fixation plus ou moins élevée du
salaire de M. Macdonnell? Les catholiques perdent souvent leur temps à ces vains débats, et
des réunions trop multipliées en sont cause. A
force de répéter les mêmes choses, on cesse
d'ailleurs de les sentir, et je suis sûr qu'en par-
lant des misères de l'Irlande, O'Connell n'est
plus ému maintenant comme il l'était il y a trois
ans. Cependant le voici qui se lève pour la quatrième fois aujourd'hui. Son discours est un
véritable manifeste contre l'Angleterre, une
déclaration de guerre au parlement des trois
royaumes unis. « En vain, s'écrie-t-il, on fera
« des lois contre nous : ces lois, nous les bra-

« verons, et les catholiques d'Irlande ne cesseront
« de se rassembler qu'après leur émancipation.
« L'année dernière, nous l'avons été demander
« humblement au sénat breton, et il nous l'a
« refusée. Maintenant, nous la voulons pleine,
« entière, et sans conditions; nous ne supplions
« plus, nous exigeons. On dit que ce n'est pas
« le moyen de réussir, et moi je dis que c'est
« le seul. Heureuse, l'Angleterre a toujours
« repoussé nos vœux; dans le malheur, elle a
« daigné nous écouter. Espérons donc, car elle
« souffre; espérons, car la banqueroute est à
« ses portes; espérons, car une grande crise la
« menace; espérons, car elle est humiliée. »
Quand l'esclavage peut s'exprimer ainsi, il y a
de l'espoir.

L'association est vivement attaquée, et quelquefois elle mérite de l'être. Ouverte à tout le
monde, ne vivant que de passions, et recrutée
au sein d'une population si long-temps asservie,
elle ne peut manquer de contenir beaucoup d'i-
gnorance, de légèreté et de mauvaise foi. Les
chefs eux-mêmes se renferment dans un cercle
trop étroit : on dirait que leurs idées ne peuvent
franchir les limites de l'Irlande. Ils ne voient
rien au-delà; et au lieu de rattacher hardiment

leur cause à tout ce qu'il y a de libéral en Europe, c'est trop souvent comme catholiques qu'ils parlent, comme catholiques qu'ils se prétendent outragés. Toutes ces fautes, je les sens ; et pourtant je crois l'association décidément utile au pays. Elle rallie les amis de la liberté religieuse, entretient dans le peuple le sentiment de ses droits, force le catholicisme à proclamer la tolérance, fatigue et effraie l'Angleterre, et relève les classes inférieures de la dégradante apathie d'où elles ne sortaient qu'une ou deux fois par siècle pour se précipiter dans d'atroces vengeances. Dans le mois de novembre, l'association catholique a reçu par jour 5o livres sterling ; et déjà plus d'un propriétaire orangiste, tout prêt à expulser en masse ses *tenants*, a reculé devant elle. En un mot, c'est un parlement nouveau, qui, mandataire réel de six millions d'hommes, perçoit des impôts, dicte des ordres, dirige les efforts du pays, et envoie qui il veut à la chambre des communes. L'esprit *prêtre*, je le répète, y domine trop ; mais, en présence d'une église altière, intolérante, et brûlante de prosélytisme, il n'en peut être autrement. Les bibliques sont les missionnaires de l'Irlande ; et tandis que les uns se faisaient escorter à Brest

par cinquante soldats, à Ballinasloe, les autres
soutenaient, par l'éloquence des baïonnettes,
leurs pieuses prédications. Par malheur, dans
ce siècle rebelle, le sabre n'a pas, en matières
religieuses, toute l'influence qui devrait lui ap-
partenir, et il ne détourne pas plus du catholicisme à Ballinasloe qu'il n'y ramène à Brest.
De temps en temps pourtant les journaux protestants font grand bruit de quelques conversions
achetées à prix d'or, ou obtenues dans les angoisses de la faim; mais que la fièvre arrive, et
le prêtre catholique est aussitôt rappelé. L'une
de ces conversions était dernièrement annoncée
par une feuille orangiste dans les termes sui-
vants : « Nous éprouvons une vive satisfaction
« à annoncer que deux catholiques viennent
« encore d'abjurer les *erreurs* de l'église ro-
« maine pour adopter *celles* de l'église établie.»
Le clergé, dit-on, n'a pas ri de la méprise.

IVe LETTRE.

GUERRE CIVILE. — RECENSEMENT. — PRÊTRES IRLANDAIS. — ORANGISTES. — MISSIONNAIRES MÉTHODISTES. — PROTESTANTS MODÉRÉS. — M. BROWNLOW. — RÉPUBLICAINS DE 1798. — GOUVERNEMENT. — BALANCE DES POUVOIRS. — DUBLIN. — CODE PÉNAL. — UNION. — PIÈCES JUSTIFICATIVES. — LE CAPITAINE ROCK ET SIR EARCOURT LEES. — BOURREAU.

« Qu'est-ce que le protestantisme? L'exclu-
« sion des papistes de tout emploi honorable
« ou lucratif. »

Ainsi pensent beaucoup d'orangistes, et ce devraient être les premiers mots de leur catéchisme. Quatre archevêchés et dix-huit évêchés, treize cents bénéfices dont le revenu forme plus d'un million sterling, trois ou quatre cents places créées pour l'avantage des vrais croyants, enfin le monopole de l'église, de la justice et de l'administration, voilà pour eux les fruits les plus saints de la réforme : y toucher serait retomber dans une abominable superstition. A

Cambridge, l'un des Montrouge de l'église anglicane, j'entendis, il y a quelques mois, prêcher
contre l'émancipation. Bien analysés, les arguments pouvaient se réduire à celui-ci : « Nous
« avons les biens de cette vie, pourquoi con-
« sentirions-nous à les partager? » Pressez la
logique de tous les privilégiés, il n'en sortira
guère autre chose.

« Nous avons les biens de cette vie, pourquoi
« consentirions-nous à les partager? » Par malheur, des biens de cette vie aux biens de l'autre
il n'y a qu'un pas. Puissent les orangistes d'Irlande ne pas s'en apercevoir avant le temps!
puisse une nouvelle réaction terrible, sanglante,
ne pas venir bientôt troubler leur orgueilleuse
suprématie! Je vous l'ai dit, et je dois le répéter,
une guerre civile, sourde, mais profonde, re-
mue en ce moment tous les éléments de la société anglo-irlandaise. Deux armées, fortes,
l'une de son nombre, l'autre d'un appui étranger, sont en présence; la haine est dans tous les
cœurs, la menace sur toutes les lèvres, et, pour
frapper, un million de bras n'attendent qu'un
signal. « Attaquez-nous, disent les uns, et nous
« vous vaincrons encore. »—« Ayez patience,
« répondent les autres; nous ne sommes point

« prêts. Mais au premier embarras de l'Angle-
« terre, comptez sur nous. » Voilà le genre de
repos que goûte aujourd'hui l'Irlande : c'est le
moment de calme qui précède l'action. Profi-
tons-en pour faire la revue générale des deux
camps. Dans tout poème épique classiquement
ordonné, vous savez que le recensement doit
venir avant la bataille.

Sous la bannière verte de l'association, regardez ces bataillons épais, bigarrés, innom-
brables : ce sont les catholiques. Vous connaissez déjà leurs forces et leurs chefs. Il y a parmi
eux de l'ensemble et de la confusion, de l'union
et du désordre : on dirait des levées en masse
qu'un même esprit anime, mais qu'une sage
discipline n'a point encore régularisées. Les
hommes qui parcourent les rangs, rassurant
les timides, réprimant les téméraires, échauf-
fant les indifférents, ce sont des prêtres. On ne
les voit point, comme chez nous, porter la
soutane, s'incliner en entrant dans l'église, s'a-
genouiller en passant devant l'autel : leur vie
est bien plus utilement remplie, leur mission bien
plus grande. C'est pour la liberté qu'ils combattent ; et, sans quelque chose d'oblique dans
le regard, on ne leur soupçonnerait point une

arrière-pensée. Mais le jésuitisme laisse son empreinte sur tout ce qu'il touche ; et quand l'œil
se fixe sur l'œil du prêtre irlandais, on sent que
le jésuitisme a passé par là. Comme O'Connell,
d'ailleurs, ce prêtre associe les principes les
plus opposés. Il confond dans une idée commune de résistance et de lutte le dix-huitième
siècle et le seizième, la révolution française et
la ligue, et Lafayette est pour lui un second
duc de Guise. Il est enfin moral, parce qu'il
est pauvre ; fanatique, parce qu'il est ignorant ;
astucieux, parce qu'il est opprimé. Mais il a de
l'énergie, de l'enthousiasme, du dévouement,
et, au jour du combat, il déposerait l'encen-
soir pour prendre le mousquet. L'association
n'a point de lieutenants plus actifs.

A de si redoutables ennemis qu'opposent les
protestants ? D'abord vingt mille soldats anglais
entretenus à grands frais, et quelques milliers
de gendarmes répandus sur toute la surface de
l'île. C'est derrière cette force imposante que se
déploient les drapeaux orangistes.

Dans chaque ville, la corporation (1) ; dans la

______

(1) Les corporations, en Irlande comme en Angle-

campagne , quelques seigneurs implantés par la conquête, tels sont, avec le clergé, les chefs de cette puissante faction. A certaines époques de l'année , on la voit se réunir en corps, parader dans les rues, et faire retentir sous les fenêtres des catholiques des airs d'opprobre et de me- nace. Que ceux-ci résistent, qu'une mêlée ait lieu, c'est à un jury de punir les coupables , et le shériff , qui choisit ce jury (1), est toujours protestant. Aussi, à peu près sûrs de l'impunité, et seuls maîtres d'armes à feu, les orangistes bra- vent-ils les ordres des magistrats. S'ils n'osent paraître dans le sud ; si, à Dublin, lord Wel- lesley les empêche de venir, le 4 novembre, or- ner de rubans et barbouiller de jaune la statue de Guillaume, le nord leur reste. Là ils sont en- core maîtres ; et, au sortir de leurs orgies, ils vont cribler de coups de fusil les maisons de

terre, sont de petites aristocraties municipales, qui , se recrutant, en général, par naissance , par mariage , par apprentissage, ou par leur propre choix, se trou- vent presque toujours en opposition avec les intérêts des citoyens. Aucun catholique ne peut remplir les nom- breux emplois qui dérivent de ces corporations.

(1) La belle loi de M. Peel sur le jury ne s'applique point à l'Irlande.

leurs adversaires. Peu éloquents, ils se montrent rarement sur les *hustings* ; mais ils dînent souvent. Ils dînent, et au dessert, entre deux bouteilles de vin, l'inspiration les saisit. C'est là qu'ils déversent sur les catholiques l'insulte et le mépris ; là que, par une sanglante ironie, ils parlent de liberté au nom de l'oppression. Ils boivent froidement la santé du roi ; avec enthousiasme, celle du duc d'York (1), et la *glorieuse, pieuse et immortelle mémoire du grand et bon roi Guillaume* les fait entrer en convulsions : car, par une étrange bizarrerie, Guillaume se trouve en Irlande le champion de la persécution, comme Jacques II celui de la liberté. Souvent ni les catholiques ni les protestants ne savent au juste ce que Guillaume a été, ni ce qu'il a fait ; mais son nom est pour les uns le synonyme de victoire et de conquête, pour les autres celui de défaite et de honte.

Les orangistes forment, en outre, une vaste

---

(1) La mort de ce prince, annoncée depuis que ces lignes sont écrites, doit produire un grand changement dans les affaires irlandaises. Le duc de Clarence son successeur est loin d'avoir le zèle religieux de son frère. On assure que son *toast* favori est *Blast the bishops.*

société secrète, espèce de franc-maçonnerie sup-
primée avec l'association par le dernier parlement, mais qui, comme l'association, n'en
continue pas moins d'exister. Il est difficile de
connaître à fond ses lois et ses serments. Quelques uns pourtant ont été révélés. C'est l'expression de la haine la plus sanguinaire; les *toasts*
de ces sociétés sont horribles. Il en est un que
l'on porte au massacre de tous les catholiques :
« Puissent leurs membres être déchirés en mille
« morceaux, et chacun des morceaux servir de
« clou au soulier d'une vieille femme. » En lisant ces mots, vous avez frissonné ! Un conseil
d'inquisiteurs ne trouverait pas mieux.

Parmi les auxiliaires de ces doux apôtres du
protestantisme, n'oublions pas un essaim de prédicateurs méthodistes que l'Angleterre et l'É-
cosse expédient chaque année pour apporter aux
Irlandais affamés *une nourriture spirituelle*. On
les reconnaît aux yeux levés vers le ciel, aux
joues creuses et pâles, à la démarche solennelle
et mesurée. S'ils se contentaient d'élever tribune
contre tribune; si, francs et loyaux, ils se présentaient à armes égales au combat, je ne blâ-
merais point leur zèle. Mais leur tactique est
moins pure. « Prends cette Bible, ou tu mour-

« ras de faim », font-ils dire au paysan par quelques seigneurs aussi fanatiques qu'eux. « Rejette
« cette Bible, ou crains la vengeance divine »,
lui crie à son tour le prêtre catholique. Entre
ces deux menaces, que fera le misérable Irlan-
landais? D'un côté l'apostasie et ses terreurs; de
l'autre, une femme, des enfants, qu'un mot condamne à périr. Que de haine doit s'amasser dans
son cœur, et que sera terrible le jour où elle
débordera! Quelquefois on s'y prend plus hu-
mainement. Une conversion (c'est en Irlande
que ces choses se passent), une conversion se
marchande comme une robe ou un chapeau. Se
convertir devient un métier, et pour grossir la
liste des brebis ramenées au bercail, il est d'honnêtes catholiques qui abjurent régulièrement
leurs erreurs deux ou trois fois par an. Il faut
entendre alors les chants de triomphe des missionnaires. Les orangistes pleurent de joie, et
bien qu'il en profite, le clergé anglican sè-
che de jalousie. Mais, en revanche, que d'hor-
reurs pour cet infâme trafic parmi les prêtres
catholiques! Ils n'ont point d'expressions assez
fortes, d'épithètes assez injurieuses pour en flé-
trir les auteurs; et leur vertueuse indignation
ne cesse de poursuivre ces ministres impies qui

prétendent servir Dieu par la violence, la fraude
et la corruption. « Aux moyens qu'ils emploient,
« s'écrient-ils, jugez de la bonté de leur cause. »
Maxime excellente, maxime vraiment sainte,
et qu'ils devraient venir de temps en temps répéter à Paris.

S'il n'y avait en Irlande que des catholiques
et des orangistes, l'épée seule pourrait trancher
la question. Mais, pour l'honneur de la religion
réformée, il s'y trouve aussi des protestants d'un
esprit élevé, qui, comme leurs frères de France,
détestent toute persécution. Soutiens zélés de
l'émancipation, ils ne peuvent pourtant complétement sympathiser avec les catholiques, et les
orangistes les abhorrent plus qu'O'Connell, Shiel
et le pape lui-même. Ainsi, modérément aimés
dans un camp, ils sont dans l'autre un objet
d'horreur. Voyez M. Brownlow : jeune encore,
il avait eu le malheur de prendre parti parmi
les orangistes ; mais l'expérience de peu d'années suffit pour l'éclairer, et noblement, coura-
geusement, il déclara à la chambre des communes que, sans l'égalité de droits, il n'était point
de salut pour l'Irlande. C'était dans la session
dernière ; et M. Brownlow retourna ensuite
dans sa terre, près de Dungannon. Mais ses

amis les plus intimes étaient orangistes. En un jour, ils l'abandonnèrent tous, et un seul acte politique rompit des liens qu'il devait croire éternels. Depuis cette époque, il ne peut entrer dans un salon sans être montré au doigt, se promener dans les villes protestantes sans être abreuvé d'insultes. Il assistait dernièrement au service divin : en lisant l'Évangile, le ministre prononça le nom de Judas, et par un mouvement, involontaire peut-être, désigna M. Brownlow. Ce geste, l'assemblée entière le comprit ; un tressaillement parcourut tous les rangs ; et, tournée vers M. Brownlow, elle se leva spontanément en répétant avec horreur : « Judas, Judas ! » Les puritains de Scott ne sont donc point morts.

Quand, comme M. Brownlow, on est riche, indépendant, on peut songer à l'avenir et braver le fanatisme. Mais supposez un jeune avocat d'un sens droit, d'une âme noble, qui n'a d'autre fortune que son talent, d'autre espoir que ses succès au barreau : comme il refusera de s'associer à tous les préjugés, à toutes les passions des catholiques, à peine obtiendra-t-il d'eux quelques stériles encouragements. Quant à la masse des protestants, ce seront ses ennemis

les plus acharnés, et, chaque jour, il se verra
dépasser par des jeunes gens sans érudition, sans
éloquence, mais qui auront le mérite de bien
penser, et de maudire six millions de leurs compatriotes. Catholique ou orangiste, il réussirait;
protestant honnête, protestant modéré, il faudra qu'il lutte toute sa vie contre l'indifférence
et la haine. Dans cette situation, que de mérite
à garder ses opinions! que de vertu à les proclamer hautement! Ceci n'est point un portrait de
fantaisie. Cet avocat existe à Dublin; je l'y ai
connu, et j'ai admiré son courage. Quand je le
quittai, il y a six semaines : « Vous retournez
« en France, me dit-il en me serrant la main :
« je voudrais y être né !... et pourtant j'aime
« l'Irlande. Mais voyez ce qu'ils en ont fait... »
Que ne puis-je, avec ses paroles, vous transmettre son regard et son accent! Vous y puise-
riez une nouvelle horreur pour l'oppression.

Ainsi, à gauche, les catholiques et leurs prêtres; à droite, l'armée anglaise, le clergé et les
corporations orangistes; au milieu, les protestants modérés, souvent exposés au feu des deux
partis. Pour compléter le tableau, ajoutons-y
quelques vieux républicains de 1798, patriotes
décimés par l'échafaud, et qui, comme en

France les membres de la Législative et de la Convention, semblent des monuments d'un autre âge oubliés par le temps. Pour calmer de si menaçantes dissensions, que fait le gouvernement? se place-t-il à droite, à gauche, ou au milieu? Rien de tout cela ; et c'est ici que je réclame toute votre admiration. Le cabinet anglais est, on le sait, divisé sur la question catholique. Réunis en conseil, M. Canning et M. Peel pouvaient se mettre d'accord en jouant aux dés le sort de l'Irlande. Mais ce moyen leur a paru trop simple : ils se sont souvenus d'une vieille transaction médicale fort connue ; et, coupant en deux le différent, ils ont à la fois appliqué au malade *la casse et le séné*. En d'autres termes, si le lord lieutenant est favorable aux catholiques, le secrétaire d'état ne manque jamais d'être leur plus violent ennemi ; et un *attorney general*, partisan de l'émancipation, a nécessairement un orangiste pour *sollicitor général* (1). C'est, en un mot, la balance des pou-

____

(1) L'*attorney* et le *sollicitor general* répondent à peu près à procureur-général et avocat-général en France, mais avec une juridiction beaucoup plus étendue. Ce-

voirs transportée dans l'administration ; c'est la guerre civile organisée au premier comme au dernier degré de l'échelle. Sous ce rapport, le gouvernement irlandais représente fidèlement la nation, et, pour la représenter mieux encore, il faudrait que lord *Wellesley* se battît avec M. *Goulburn*, et M. *Plunkett* avec M. *Joy*. En attendant, les catholiques adressent chaque jour de tendres remercîments à lord Wellesley, et les orangistes à M. Goulburn. L'un est loué jusqu'au sein de l'association ; l'autre assiste à des dîners orangistes. Puis ils rentrent au château, se renferment ensemble, et décident en commun les mesures à prendre pour assurer la tranquillité du pays. Quel miracle qu'ils n'y réussissent pas !

Maintenant, placez à Dublin le quartier-général de tant de factions diverses ; divisez la population en deux portions à peu près égales, toutes deux brûlantes de haine, et ardentes de fanatisme ; transformez la chaire catholique ou

pendant, comme en Angleterre il n'y a point, à proprement parler, de ministère public, ce titre ne les empêche pas de rester avocats.

protestante en une tribune d'où partent les proclamations et les défis , et dites ce que vous pen-
sez de cet ordre de choses. Malheur, pauvreté ,
décadence, tels en sont les fruits inévitables.
Peut-être au premier coup d'œil Dublin vous
fera-t-il illusion. Une population vive et nombreuse, des rues larges, de beaux édifices, des
quais spacieux , peuvent masquer d'abord l'affreuse vérité. Mais parcourez ces quartiers où
soixante couples couchent pêle-mêle dans une
cave humide ; interrogez les spectres vivants qui
errent autour de vous ; approchez-vous de ces
familles entières qui n'ont d'autres lits que le
pavé des rues, d'autre nourriture que de mauvaises pommes-de-terre, et prosternez-vous, si
vous l'osez , devant *l'église et l'état*. De magnifiques palais et d'infectes tanières , des bals bril-
lants et la fièvre , de somptueux repas et la faim ,
voilà Dublin. Qui l'a fait ainsi ? L'histoire de
l'Irlande est là pour répondre. « C'était en 1174,
« par une belle soirée d'été , que le premier pied
« anglais foula notre verte patrie : idée déchi-
« rante, souvenir gravé en lettres de sang à cha-
« que page de nos déplorables annales. » Ainsi
parlait O'Connell au *meeting* de Dublin le 14
novembre 1826, et d'unanimes acclamations

lui prouvaient qu'il avait frappé juste. Depuis Henri II que trouve-t-on en Irlande? La lutte constante du droit contre la force; une nation dépouillée de ses biens, privée de sa liberté, chassée comme une troupe d'animaux de province en province; un pays devenu pour ses voisins une ferme à exploiter, à ravager, à épuiser; des colonies venant l'une après l'autre s'arracher les dépouilles des vaincus; des complots préparés par le vainqueur lui-même pour avoir le prétexte d'égorger et de confisquer; enfin l'accomplissement d'une conquête qui recommence sans cesse à mesure que les conquérants s'incorporent avec les peuples conquis; et, pour couronner cette œuvre de violence et de perfidie, le code pénal de la reine Anne, plus digne que celui de Dracon d'étonner les siècles futurs. C'est ce code qui défendait à un Irlandais catholique d'acquérir; qui, s'il avait un cheval, permettait de le lui prendre pour cinq livres sterling; qui lui interdisait l'usage de toutes armes, même pour sa défense; qui punissait de mort son union avec une protestante; qui enfin, aussi immoral que féroce, dépouillait le père au profit du fils, si celui-ci consentait à changer de religion. Mais depuis long-temps, sans doute, de tel-

les lois ont cessé d'exister?... Elles existaient
encore il y a cinquante ans, et la peur seule,
la peur, cet indispensable auxiliaire de la justice, les a fait révoquer. Enhardie par ces premiers succès, l'Irlande exigea davantage. Sous
le nom d'*Irlandais unis*, une société se forma,
qui, sans distinction d'origine ni de religion,
marcha hardiment à l'affranchissement de la
patrie. L'Angleterre vit que sa proie lui échappait; elle changea de politique, et *l'union* fut
résolue. Pour l'obtenir, une conspiration était
nécessaire; mais une conspiration ne manque
jamais quand les gouvernements en ont besoin.
Elle éclata donc. Les Irlandais unis furent dissous, le parlement se vendit, on gagna les catholiques en leur promettant l'émancipation,
on effraya par des supplices les plus intraita-
bles, et *l'union* s'accomplit. Suivie de l'égalité
de droits, peut-être eût-elle fait le bonheur de
l'Irlande; mais on n'en respecta pas plus les
conditions que celles du traité de Limerick (1);

______

(1) Le traité de Limerick, signé par Guillaume, pro-
mettait aux catholiques tous les droits dont ils avaient
joui sous les Stuarts. Les catholiques en attendent encore l'exécution.

et l'Irlande, la pauvre Irlande, est encore gouvernée comme une colonie. Qu'on ne s'étonne donc pas d'y trouver les vices, les faiblesses, les crimes d'une colonie ; qu'on ne s'étonne pas surtout d'y entendre si souvent invoquer le nom de *Bolivar*.

On n'écrit rien aujourd'hui sans pièces justificatives. Si on n'en avait pas, on en ferait ; et, sans pousser aussi loin l'amour des preuves, je veux vous soumettre deux pièces que j'ai recueillies parmi beaucoup d'autres. Ce sont des lettres signées, l'une du capitaine *Rock*, l'autre de sir *Harcourt Lees*. Le premier est un personnage fictif, toujours chef de toutes les insurrections ; le second, quoi que vous en pensiez, n'a rien d'idéal : c'est un être réel, fort vénéré des orangistes, qui, dans leurs dîners, manquent rarement de porter sa santé.

Clonmell, octobre 1826.

« Monsieur Samuel Hugh,

« Cette lettre est pour vous faire savoir que,
« si vous ne renoncez pas à la direction des mi-
« nes de cette ville et des autres affaires dont
« vous êtes chargé, vous serez *caressé* comme

« M. Marum (1), et cela vous arriverait dès ce
« soir sans quelques observations faites par un
« certain individu. Comme je demeure loin,
« j'espère que vous ne m'obligerez pas à vous
« faire une seconde visite.

« Votre tout dévoué,

« *Capitaine* ROCK. »

12 octobre 1826.

AU RÉDACTEUR DU DUBLING MORNING POST.

« Je crois, monsieur, faire plaisir à l'ordre
« des Libérateurs en lui apprenant que j'ai sous
« mes ordres deux cent onze mille orangistes
« irlandais qui, les yeux fixés sur chacun de
« mes mouvements, attendent dans un loyal
« repos le premier coup de canon tiré par les
« soldats du roi sur les ennemis de sa majesté.
« Alors, se conformant aux ordres qui leur se-
« ront donnés par leurs officiers de districts et
« de divisions, ils se mettront en campagne. Je

---

(1) Orangiste massacré dans une insurrection.

« me placerai moi-même à leur tête ; et si,
« comme je le crains, une insurrection générale
« éclate, après avoir commencé par pendre les
« chefs de l'association, je procéderai à la régé-
« nération et à la pacification de l'Irlande.

« REV. HARCOURT LEES. »

De ces deux lettres, l'une n'est au fond qu'une
menace d'assassinat, et l'autre l'acte de folie d'un
pauvre prêtre que *Bedlam* attend. Mais elles
n'en sont pas moins significatives. Que dire de
l'état d'un pays où de telles choses se répètent
chaque jour sans étonner personne ? Que dire
surtout des hommes qui travaillent à perpétuer
cet état ? Il est ruineux pour le pays, dont il
éloigne tous capitaux, tout commerce, toute industrie ; oppressif pour les catholiques, que l'on
traite en esclaves ; menaçant pour les orangistes, qui ne doivent point avoir oublié les mas-
sacres du dix-septième siècle ; déplorable enfin
pour tout ennemi du fanatisme, de l'ignorance
et de la persécution. A qui donc profite-t-il ?
Au clergé et à la gendarmerie, à quelques familles avides de monopole, et aux agents de police. Mais celui qui y gagne le plus, celui qui
avant tout autre doit prier ardemment pour la

statu quo, c'est sans contredit le bourreau ; et si les orangistes sont justes, ils placeront son nom en tête des pétitions qu'ils vont présenter au nouveau parlement.

Vᵉ LETTRE.

STATISTIQUE. — DIVISION DES FERMES. — MIDDLEMEN. — POPULATION. — MANUFACTURES D'ÉLECTEURS. — MARIAGES PRÉCOCES. — POMMES-DE-TERRE. — ÉMIGRATION. — PRÉJUGÉS. — CAUSES PREMIÈRES DU MAL. — M. CANNING.

On ne peut pas tout dire dans un journal. Pour être parfaitement vraie, la vérité elle-même doit être énoncée avec une telle étendue, chaque fait se complique de tant d'autres faits secondaires, que, pour avancer, il faut bien s'en tenir au point de vue principal, et négliger tout ce qui l'explique ou le modifie. On paraît alors absolu faute de détails, incomplet faute d'espace. Cependant comment faire ? C'est pour cela que j'hésitais à aborder l'économie intérieure de l'Irlande. Mille grandes questions s'y rattachent ; et, sans parler de mon impuissance à les traiter, le monopole de vos colonnes pendant un mois entier n'y pourrait suffire. Je me dé-cide pourtant à vous en donner aujourd'hui un rapide aperçu : ce seront en quelque sorte des notes pour mes lettres précédentes.

L'Irlande est le pays des anomalies : la plus déplorable misère sur le sol le plus riche ; des rivières, des ports magnifiques sans presque un vaisseau qui y jette l'ancre ; peu de travail, peu de salaires par conséquent, et pourtant une po-pulation qui, depuis quarante ans, a doublé (1), tandis que celle de la puissante Angleterre ne s'est accrue que d'un tiers ; en un mot, une dé-viation manifeste des lois naturelles, un démenti à toutes les probabilités scientifiques. Près de Limerick, le sol est si fertile qu'il donne, sans s'épuiser, dix récoltes de blé de suite, et nulle part l'homme ne vit plus misérablement. Des tourbières, des marais et des champs de pierres occupent la moitié du Connaught. Il n'y a dans cette pauvre province ni commerce ni industrie ;

---

(1) En 1788, suivant Newenham, la population était de 3,800,000 habitants. On la croit à présent bien voi-sine de huit millions.

on n'y trouve pas une grande ville, et la population, qui, dans le sud de l'Écosse, n'est que de cent vingt-sept personnes par mille carré, est de cent trente-sept dans le Connaught. Dans l'Ulster, le Leinster et le Munster, elle est de deux cent quarante. Qui donc a amené cet étrange résultat? qui condamne cette nation à mourir de faim au sein de l'abondance? qui la force à croître si rapidement malgré tant d'obstacles? L'examen des faits peut seul résoudre le problème.

Quand on parcourt l'Irlande, deux choses frappent d'abord, l'immensité des propriétés et la petitesse des fermes. Lors de la discussion du droit d'aînesse, on a beaucoup disserté sur la concentration et le morcellement des terres: tout le monde convenait que l'une et l'autre avaient de graves inconvénients; et, aux yeux des ennemis de la loi nouvelle, le mérite de notre code était de laisser un juste équilibre s'établir entre les deux principes, et d'en combiner ainsi tous les avantages. C'est précisément le contraire en Irlande, ou la concentration de l'Angleterre et le morcellement de la Chine existent à la fois. Celui qui touche le fermage est souvent maître de trente mille, de quarante mille, de cent mille acres de terre (1); celui qui le paie végète sur une acre ou une demi-acre ; et entre ces degrés extrêmes de l'échelle se trouvent quatre ou cinq *middlemen* (2), hiérarchie oppressive dont le poids pèse en entier sur le pauvre laboureur. Tous sont responsables les uns pour les autres, et le laboureur (*cottier*) est responsable pour tous. Quelquefois il donne trois ou quatre livres sterling d'une acre de terre qui n'en rapporte qu'une au propriétaire. Le reste s'arrête en chemin. On dirait ces fournitures qui, avant d'arriver au fournisseur véritable, ont fructifié dans dix ou douze mains. Mais au moins le dernier fournisseur n'y perd-il ordinairement pas, tandis que le paysan du Connaught succombe sous le fardeau. Son fermage est exorbitant ; il le sait, et pourtant, s'il veut

---

(1) L'acre irlandaise est à l'acre anglaise comme 1,62 à 1, et celle-ci à l'hectare français comme 2 à 5.

(2) J'ai déjà parlé des *middlemen*. Le premier, par exemple, tient du propriétaire dix mille acres de terre qu'il sous-loue à dix ou douze autres *middlemen*, qui eux-mêmes sous-louent encore leur portion, et ainsi de suite jusqu'au prolétaire.

vivre, il doit s'y soumettre. Dans ce pays sans travail, sans industrie (1), la terre est l'unique ressource : il faut donc en obtenir un coin à tout prix. Aussi dès qu'une hutte est vide, dès qu'un lambeau du sol reste sans maître, vingt familles se le disputent-elles. Celle qui en offre le plus l'obtient. Bientôt les enfants naissent, ils grandissent, ils se marient à leur tour, et le père divise encore entre eux les lambeaux de son lambeau. En quelques heures, une nouvelle hutte est bâtie, un nouveau couple s'y établit, une nouvelle famille y naît, et, comme les moyens de subsistance sont restés les mêmes, la misère s'en accroît. Ainsi, successivement cause et effet, la population et la subdivision du sol vont sans cesse augmentant. Quel sera le terme de cette effrayante progression ?

Quelquefois le paysan n'est pas même maître de son champ pour une année. Le fermier à qui ce champ appartient le loue pour six mois par petites portions d'un tiers ou d'un quart

____

(1) Il y a pourtant dans l'Ulster des fabriques de toile, et les salaisons du midi occupent un certain nombre de bras. Mais pour l'Irlande prise en masse, c'est peu de chose.

d'acre. Au bout du terme de rigueur, que la saison ait été avancée ou retardée, que les pommes-de-terre soient ou non bonnes à recueillir, il faut que le locataire vide le terrain, et, pendant les six autres mois, il n'a souvent ni travail ni asyle. Ce système s'appelle des *conacres*. Il est aussi nuisible à l'agriculture qu'à la tranquillité publique.

Parmi les causes de subdivision n'oublions pas l'étendue de la franchise électorale et les abus qu'elle entraîne. L'influence d'un propriétaire irlandais se calcule par têtes d'électeurs. Il est, dit-on, maître de cinquante électeurs, comme on dirait : Il a un troupeau de cinq cents moutons. Aussi, dès qu'il entre en possession, son premier soin est-il de compter ses électeurs, et, s'il se peut, d'en créer de nouveaux. La loi dit qu'un *intérêt à vie* de quarante shillings suffit. Il faut tirer de cette phrase tout le parti possible. Or, si, après avoir payé son fermage, un paysan et sa famille peuvent encore vivre sur une demi-acre de mauvais terrain, cela vaut bien quarante shillings. Voilà un électeur; mais ce n'est pas tout. Peut-être un bail à vie le rendrait-il indépendant, et pourtant la loi dit *intérêt à vie*. Oui, mais elle ne spécifie pas quelle vie. Ce sera donc sur la tête d'un homme infirme ou âgé que j'établirai tous mes baux ; et, sûr ainsi de rentrer promptement en possession, je serai maître absolu de mon électeur. La chaîne est-elle assez rivée ? Point encore. Au jour où le fermage doit être payé, je me montrerai bon et compatissant. L'argent est rare chez le pauvre paysan : si je ne vais pas lui en demander, il n'en apportera pas. Je le laisserai se mettre en retard, et, sans rien dire, j'intenterai contre lui une action judiciaire dont les frais seront de 15 à 18 shillings. Au premier acte de rébellion, elle lui sera signifiée ; il n'y pourra satisfaire ; une seconde suivra ; les frais monteront bientôt à quatre ou cinq livres sterling. Alors il est à moi, lui, sa femme et ses enfants. Qu'il résiste, s'il l'ose.

Voilà les menaces, voilà les dangers que les électeurs à quarante shillings ont bravés dans la dernière élection. La ruine les a moins effrayés que tant d'autres la perte d'une place ou d'une pension, et, sous les yeux de leurs tyrans, ils ont voté contre eux. Aussi les manufactures d'électeurs se sont-elles soudainement arrêtées. Ceux qui trouvaient, il y a un an, ce système admirable, le proclament aujourd'hui funeste et

honteux. Cependant le mal est fait. Il était facile
de ne pas morceler la terre à l'infini; mais, une
fois morcelée, comment en réunir les parties?
Sur chaque demi-acre il existe une famille qui
n'a point d'autre ressource : la chasser, c'est la
réduire au désespoir. En un mot, l'imprudence
des propriétaires a fait naître des hommes : il
faut que ces hommes vivent maintenant. Ce
n'est, je le sais, qu'en diminuant la part déjà si
faible de leurs frères; et, moins nombreux,
ils seraient moins misérables. Mais, dans le
naufrage, qui jeter à la mer?

Quand on est si pauvre, pourquoi, dira-
t-on, se marier? Allez prêcher cette doctrine au
paysan irlandais, et prouvez-lui, Malthus à la
main, que le mariage empire sa condition. « Je
« ne puis être plus mal, vous répondra-t-il, et
« je ne me refuserai point le seul bonheur qui
« me reste. » Propriétaire, il raisonnerait autrement : cette prudence qu'on veut lui apprendre, il la puiserait alors dans le sentiment du
bien-être et l'espoir d'améliorer son sort. Mais
aujourd'hui, prolétaire dénué d'avenir, à quoi
sacrifierait-il des plaisirs certains? Il naît, il
souffre, et il meurt : voilà pour lui toute la vie.
Sans l'amour, qui vient la semer de quelques

douceurs, sans la religion, qui l'ennoblit, il existerait comme l'animal ou végéterait comme la plante, sans espoir ni pensée ; et comme, habitué dès l'enfance à cette apathie, il fait peu d'efforts pour en sortir, il est des gens qui le croient heureux !.... Le comble du bonheur serait alors d'être une pierre. Une pierre du moins ne ressent point les tourments de la faim.

La faim ! telle est, il est trop vrai, la seule limite qui borne la population irlandaise. Dix ans ne se passent pas sans qu'une famine vienne la décimer, et les trois mois qui précèdent la récolte sont toujours une époque de crainte et de souffrance. Les Irlandais se nourrissaient autrefois de blé ; puis, la population pressant, ils sont descendus à l'avoine, et de l'avoine aux pommes-de-terre. Les conséquences en sont terribles. Quand ils mangeaient du pain, l'avoine et les pommes-de-terre étaient une ressource ; mais, au-dessous des pommes-de-terre, il n'y a rien. Qu'un tiers de la récolte manque, et un tiers de la population doit périr, tous les ports de l'Irlande fussent-ils encombrés de blé. Les pommes-de-terre, d'ailleurs, ne se conservent pas, et se transportent difficilement. Pendant quelques années, tout a marché admirablement.

Un tiers d'acre en pommes-de-terre nourrit autant de monde qu'une acre de blé (1). Quand donc les pommes-de-terre ont été substituées au blé, la population, sans entraves, sans famine, a pu croître rapidement. A mesure qu'une famille en produisait deux, il suffisait de semer des pommes-de-terre où le blé poussait, et rien n'avait changé. Mais enfin la population a atteint sa nouvelle limite. Le prix des pommes-de-terre a réglé les salaires (2), et le peuple s'est trouvé plus misérable que jamais. Quand le travail manque, l'ouvrier anglais peut, par des sacrifices, exister quelque temps : que sacrifiera le

---

(1) Suivant Young, le produit moyen d'une acre de terre est, en blé, de trois *quarters* (deux hectolitres 4/5 environ), et en pommes-de-terre, de vingt-six *quarters*. Deux *stones* et demi (35 livres) de pommes-de-terre par jour nourrissent aisément une famille de dix personnes, et une acre les fournit sans peine. Au marché, le prix du *stone* (14 livres) est, en général, de deux à trois *pence* (4 à 6 sous) : quatre *pence* est un prix de famine.

(2) Les salaires les plus élevés sont de dix *pence* en été. Répartis sur toute l'année et sur tout le monde, on a calculé qu'ils ne passaient pas quatre *pence* (8 sous de France).

paysan irlandais ? Aux jours d'abondance, il ne
vit que de pommes-de-terre et d'eau. Pour lui,
habit et haillon sont deux mots synonymes. Sa
hutte est de terre ; deux escabeaux et une écuelle
en composent tout le mobilier. Quelquefois il a
un cochon ; mais ce cochon est son unique bien.
C'est lui qui paie le fermage, la dîme, les church-
rates, les impôts pour les routes, les taxes de
l'état. Enfin il est arrivé aux confins de cette
vie et de l'autre : un pas de plus, c'est la mort.

Cette terrible situation, les Irlandais la sentent, et, pour s'y soustraire, beaucoup émigrent
en Angleterre. Avant de partir, ils sèment leurs
pommes-de-terre, ferment leur hutte avec quelques pierres, mettent leurs femmes et leurs enfants à mendier sur le grand chemin, et vont à
Preston ou à Manchester jusqu'à la saison suivante. Mais dans ce pays de propriétaires absents (1), de *middlemen* avides, et de paysans

---

(1) Beaucoup d'Irlandais attribuent à l'absence des
propriétaires tous les maux de leur pays. Maccullock
et les économistes les plus éclairés pensent qu'elle a peu
ou point d'effet. Leurs arguments me paraissent d'une
grande force. Ceux qui voudraient les connaître peuvent consulter la *Revue d'Edimbourg.*

affamés ; comment des mendiants peuvent-ils subsister ? Il existe en Irlande une vieille coutume qui fait honte à la civilisation. A l'heure du repas, toutes les portes restent ouvertes : que l'étranger s'approche alors sans crainte ; qu'il prenne sa place autour des pommes-de-terre préparées pour la famille ; il est le bien-venu, et jamais un refus ne le renvoie humilié. Peut-être dans six mois ceux qui donnent demanderont-ils à leur tour.

D'autres quittent l'Irlande pour n'y plus revenir. Jadis la cherté du voyage était un obstacle ; mais depuis que, pour quelques sous, on va de Dublin à Liverpool, ou de Belfast à Glascow, ils inondent la côte occidentale de la Grande-Bretagne ; et c'est pour O'Connell et Shiel un grand sujet de joie. « Nous vous « envahissons de toutes parts, s'écrient-ils. Il « faut maintenant, il faut que vous nous éle- « viez jusqu'à vous, ou nous vous abaisserons « à notre niveau. » Ce n'est point une vaine menace. Placez à Manchester ou à Preston une colonie d'Irlandais, tous robustes, tous habitués à vivre de privations : le travail qui se paie trois shillings à l'ouvrier anglais, ils le feront pour un, et l'ouvrier anglais sera forcé de venir à leur

prix. C'est ce qui, dans certains districts d'É-
cosse, est déjà arrivé; et l'Écosse entière en a
pâli d'effroi. La dernière crise manufacturière
a pourtant ramené en Irlande beaucoup de
ces émigrés. « Pourquoi êtes - vous revenu,
« demandais-je un jour à l'un d'eux. — Ah !
« *your honour,* me répondit-il tristement, ce
« n'est plus la peine d'aller là-bas. Ils meurent
« de faim comme nous, et ils n'y entendent
« rien (*but they don't understand it*). »

La population d'un pays n'est point *absolument* trop grande ou trop petite. Que les subsis-
tances et les capitaux doublent, elle peut doubler aussi sans que rien soit changé, et c'est dans
ce sens seulement que son accroissement est en
général un symptôme de prospérité. De tous les
axiomes de l'économie politique, il n'en est
point de plus évident. L'Irlande pourtant refuse
de le reconnaître. On dirait qu'elle se complaît
dans ses pommes-de-terre, et se glorifie de ses
bras inutiles. Ne point encourager la population, c'est, suivant l'un, un outrage à la Providence, suivant l'autre, une insulte à l'histoire.
On parle de Ninive et de Babylone bien plus
peuplées que Dublin et Cork, et l'on demande
comment huit millions d'habitants seraient un

fardeau pour l'Irlande, quand les déserts de l'Arabie ont nourri deux millions d'Hébreux pendant quarante ans. A cet égard, parfait accord entre toutes les religions; et pour hâter encore l'impulsion donnée, quelques uns veulent établir une taxe des pauvres. Mais Malthus et son système n'ont point d'antagonistes plus zélés que les prêtres catholiques. Un droit de mouvement sur chacun des grands actes de la vie humaine, la naissance, le mariage et la mort, voilà tout leur revenu, et Malthus les ruinerait. Dieu d'ailleurs n'a-t-il pas dit : « Croissez et multipliez. » De quelle autorité l'homme vient-il réformer les préceptes de Dieu? Qu'on se marie donc, qu'on se marie sans crainte. Une grande famille est une bénédiction du Ciel.

Peut-être, monsieur, concevez-vous mieux maintenant comment l'Irlande est à la fois pauvre et fertile, peuplée et misérable. Trois causes immédiates me paraisssent y concourir : 1º l'excessif morcellement des fermes; 2º l'adoption de la pomme-de-terre comme aliment principal; 3º les mariages précoces des habitants, encouragés par leurs prêtres. Mais s'arrêter à ces causes, c'est prendre le symptôme du mal pour le mal lui-même; c'est vouloir tarir le torrent sans remonter à sa source. Or, pour tout juge impartial, la source des souffrances de l'Irlande, c'est la conquête, c'est l'oppression. Les habitants de ce beau pays ne sont ni moins actifs ni moins intelligents que ceux de l'Angleterre. Pourquoi donc seraient-ils tombés aussi bas, quand leurs voisins s'élevaient au sommet de la civilisation ? Pour les asservir, on s'est efforcé de les dégrader. Tout bien-être, toute ambition, tout espoir, leur ont été interdits. Irrévocablement enchaînés à leur condition, on leur a défendu de regarder au-dessus d'eux; on a étouffé dans leurs âmes tous germes d'intelligence et de perfectionnement. La vie, une vie physique, animale, voilà tout ce qu'on leur a laissé; et maintenant on leur demande de la prudence! De la prudence à des esclaves!

Il est vrai que ces esclaves commencent à s'émanciper. Il en est peu qui ne sachent lire et écrire. Mais si leur intelligence s'éveille, c'est pour compter avec leurs maîtres; et l'Angleterre doit craindre leurs lumières plus encore que leur ignorance. On s'étonne qu'ils se passionnent pour des droits politiques : je m'étonnerais qu'ils y restassent indifférents. Ces droits, c'est comme nation, c'est comme secte religieuse, qu'on les en dépouille. Or l'homme n'est point un être isolé ; il appartient à une famille ; à une religion, à un pays, et il sent à tous ces titres. Autour du foyer qu'une tourbière voisine entretient à peu de frais, le paysan cause des malheurs de l'Irlande, de la dureté de son seigneur, de l'avidité du prêtre protestant, des rigueurs du code pénal, du dernier discours d'O'Connell ou de Shiel ; et si la faim le presse, il croit, en s'armant, faire la guerre à ses oppresseurs et venger son pays. En vain ses maîtres viendraient-ils lui dire que l'émancipation n'est rien pour lui. Qui croira-t-il de ceux qui l'oppriment ou de ceux qui le consolent, de ses vainqueurs ou de ses compatriotes, de ceux qui prient au même autel ou de ceux qui professent une religion ennemie ? Les droits qu'il réclame sont-ils d'ailleurs si peu importants ? N'est-ce rien d'être jugé par ses pairs, et d'envoyer au parlement qui l'on croit le plus digne ? Mais s'agit-il du privilége le plus futile, il n'en serait pas moins une flétrissure de la conquête, un stigmate de l'oppression, et l'Irlande s'agiterait encore pour l'effacer. Singulière destinée de cette nation, à laquelle l'Angleterre a toujours voulu inoculer à la pointe de l'épée ses croyances et ses lois !

égorgée sous Henri II parce qu'elle refusait de reconnaître le pape; persécutée depuis Elisabeth parce qu'elle ne veut point y renoncer; victime éternelle du fanatisme et de l'intolérance, mais en même temps monument vivant de leurs déplorables effets! Chaque année, le parlement rend vingt *bills* relatifs à l'Irlande. Il défend de sous-louer sans le consentement formel du propriétaire, encourage l'instruction, permet de convertir les dîmes en une redevance fixe, bouleverse les lois commerciales du pays, et l'Irlande reste la même. Quand la racine est gâtée, à quoi bon élaguer quelques branches?

Admettons pourtant que ces demi-mesures produisent leur effet. La dîme devient donc moins gênante; des écoles se forment, où les enfants catholiques et protestants ne se prennent plus aux cheveux pour ou contre la transsubstantiation; la subdivision des terres enfin s'arrête tout à coup. C'est plus qu'on ne peut espérer, et cependant ce n'est rien encore. Sous l'empire de l'ancien système, des populations sont nées. On ne peut les tuer, et les capitaux dont l'Irlande dispose ne suffisent point à les nourrir. Pour rétablir l'équilibre, il faut donc des capitaux, et malgré ses derniers désastres, l'Angleterre en regorge. Mais qui les apportera dans un pays déchiré par la guerre civile? Qui viendra établir une manufacture sur un sol qui demain peut s'ouvrir pour l'engloutir? Qui, par dévouement pour l'Irlande, risquera sa fortune et sa vie? Pacifier, et, pour pacifier, émanciper, voilà toujours où il en faut revenir. Avec cela, tout est possible; sans cela, rien. Peut-être au reste de plus beaux jours vont-ils se lever. L'Angleterre est en guerre; le duc d'York a cessé de vivre; et, dans la prochaine session, M. Canning veut, dit-on, ôter aux débris de la Sainte-Alliance tout pouvoir de lui renvoyer ses menaces. Jusque là la partie est égale, et les *catholiques d'Irlande* répondent aux *mécontents du continent.* Ce sont d'étranges alliances. Mais à qui les doit-on? Allez aux États-Unis en chercher de semblables!

VIe LETTRE.

MÉMOIRES DU CAPITAINE ROCK. — LETTRE D'UN JÉSUITE. — O'CONNELL ET SHIEL. — MINISTRES ANGLICANS. — MÉTHODISTES. — SOCIÉTÉS D'ÉDUCATION. — GENDARMERIE. — EFFETS PROBABLES DE L'ÉMANCIPATION. — RÉSUMÉ.

Je vous ai déjà parlé du capitaine Rock et de ses aïeux (1). Cette noble famille, l'une des plus anciennes de l'Irlande, fait au dix-neuvième siècle ce que faisaient au quinzième tant d'illustres chevaliers; et, loin d'honorer en elle cette fidélité aux mœurs du bon vieux temps, on ose lui en faire un crime. « C'est, dit-on, du bri-

____

(1) Les Anglais aiment à personnifier les masses. Tout le monde connaît *John Bull* et *Paddy*. Le capitaine *Rock* et le capitaine *Right* sont moins célèbres sur le continent; mais en Irlande leurs noms inspirent la terreur.

« gandage. » La civilisation n'est pas favorable aux redresseurs de torts. Les Rock au reste manient la plume aussi bien que l'épée ; et, avant de partir pour l'exil, l'un d'eux, ami intime du célèbre Thomas Moore, a écrit des Mémoires, ouvrage instructif et piquant (1). Passant rapidement en revue l'histoire de son pays, il énumère tous les services que la politique anglaise a rendus au *Rock interest* ; et le clergé reçoit en particulier de tendres remercîments pour ses bienfaits passés, présents et futurs. Ce petit livre a eu en Irlande un succès prodigieux. On l'a lu dans le palais comme dans la hutte, et dix réponses n'ont fait qu'en mieux prouver le profond bon sens. Le dernier trait de la dernière lettre du capitaine à son éditeur mérite d'être cité : « Comme je sais, dit-il, que vous désirez « vivement la conversion des catholiques d'Ir- « lande au protestantisme, je vais, pour prou- « ver combien je suis peu bigot, vous indiquer « le seul moyen. Qu'une loi donne au clergé

―――――――――――

(1) Un ancien élève de l'école Normale, M. B. Maurice, va, dit-on, publier la traduction de ces Mémoires. Ils ne peuvent manquer d'avoir un brillant succès.

« catholique les dîmes du clergé protestant; et
« si cela ne réussit pas, il n'y a point de re-
« mède. »

C'est à bord d'un vaisseau tout prêt à le transporter à *Botany-Bay*, pour s'être promené
après le coucher du soleil, que le capitaine
écrivait ces mots (1), et depuis on ignorait
son sort. Dernièrement pourtant le bruit s'est
répandu qu'il s'était évadé, et que, fixé à
Rome, il faisait partie d'un ordre célèbre.
Là, dit-on, toujours dévoué aux intérêts de
sa famille, il l'aide encore de ses conseils
et de son influence. Privé du plaisir de la re-
voir, il lui envoie des amis dévoués dont il
échauffe le zèle; et, prosterné au pied des
autels, on le voit chaque jour prier pour la
santé de lord Eldon, de M. Peel, et de lord
Liverpool. La lettre suivante confirme ces
bruits. Un hasard extraordinaire me l'a mise
entre les mains. Je n'en puis au reste garantir
l'authenticité.

____

(2) *L'insurrection act*, quand il est en vigueur, condamne à la déportation tout homme qui sort de sa maison la nuit, même désarmé.

AU FRÈRE IGNACE ROCK,

Dublin.

« Vous ne m'aviez point, mon cher frère, exagéré la misère de l'Irlande. Ceux qui ont le bonheur de vivre dans les états de notre saint-père sont eux-mêmes moins malheureux. Voici bientôt trois mois que je cours de hutte en hutte, et je suis las de ce spectacle de désespoir et de désolation. Grâce à vous, pourtant, et à vos exploits en 1821, les fermages ont un peu baissé ; mais ils sont encore pesants, beaucoup trop pesants ; les dîmes aussi continuent à exister, et l'exaspération politique croît de jour en jour. L'Angleterre aidant, il se prépare de la besogne pour votre successeur.

« J'ai vu les chefs des catholiques, mais sans leur dire que je vous connaissais : car, au fond, ils ont pour vous peu d'estime. Je suis content d'O'Connell : avec les meilleures intentions et le cœur le plus droit, il a, je crois, une tête fort légère et une chaleur de sang qui le mèneront où nous voudrons. Il communie d'ailleurs tous les mois, et sa piété paraît sincère. Vous ne sauriez concevoir son influence dans le pays. Il n'est pas une hutte où je n'aie entendu prononcer son nom avec amour et vénération. Quand il s'échauffe un peu, il n'oublie pas de rappeler qu'il descend en ligne directe des derniers rois de Kerry.

« Quant à Shiel, je m'y fie moins. C'est un homme d'esprit qui ne semble pas toujours dupe de ce qu'il dit. Je doute que la propagation de notre sainte foi lui tienne beaucoup au cœur. Mais son talent est merveilleux, et sa popularité immense. Je me trouvais avec lui, il y a trois mois, dans un *meeting* où M. Maclintock, hérétique renforcé, quoique partisan de l'émancipation, nous attaqua vivement. « Vous préten-
« dez, s'écria-t-il, que toutes les vieilles maximes
« de l'église romaine sont tombées en désuétude,
« et je le crois. Cependant vous êtes liés par les
« décisions antérieures des conciles et des papes.
« Pourquoi ne demandez-vous pas la révocation
« formelle de ces décisions? ou, si vous la de-
« mandez, pourquoi la refuse-t-on? » L'argument était pressant, et j'en ai craint l'effet; mais Shiel m'a bientôt rassuré. Au lieu de se défendre, il a attaqué; et, saisissant son adversaire corps à corps, il l'a retourné dans tous les sens avec une incroyable puissance de sarcasmes et d'ironie. En vain le pauvre Maclintock s'est-il

débattu d'abord sous cette espèce de cautérisa-
tion morale : il a fallu céder, et se retirer au
bruit des sifflets et des huées. Qu'importe donc
ce que Shiel pense au fond? S'informe-t-on des
principes de son avocat?

« Bien qu'averti, les opinions libérales et ré-
publicaines de nos prêtres m'ont un peu effrayé:
Le peuple, toujours le peuple, et rien que le
peuple. Chez nous, ils seraient tous pendus
comme *carbonari:* Mais il faut bien s'accom-
moder aux circonstances. Je crains pourtant
qu'ils n'aillent un peu loin. Quoi! point de religion dominante, l'éducation confiée aux laïcs,
un clergé pauvre et une égale protection à toutes
les croyances! Que deviendrions-nous, si de
telles idées gagnaient? Ce qu'il y a de pire, c'est
que nos frères d'Irlande sont de bonne foi. Quant
aux ministres anglicans, ce sont, comme on dit en
Angleterre, de parfaits *gentlemen,* qui, munis de
riches bénéfices, mènent une vie aussi douce
qu'inutile. Chez eux d'ailleurs l'épée n'use point
le fourreau. Ils parleront, si l'on veut, dix heures de suite contre la transsubstantiation ; mais,
hors de là, rien. Je me trompe : hors de là, il
y a les dîmes, qu'ils défendent du matin au
soir. Leurs arguments sont pourtant peu variés.

« Dieu, disent-ils, nous a donné la dîme, et
« Dieu sait aussi bien que les économistes mo-
« dernes ce qui fait prospérer un état. » A
Rome et en France, ce raisonnement nous plai-
rait assez ; ici, nous le trouvons absurde. Je di-
nais, il y a peu de jours, chez un de ces anglicans. « Vous prétendez, me dit-il, que la Bible
« ne peut se donner sans commentaires à tout
« le monde, parce qu'elle contient des passages
« obscurs, et d'autres trop clairs. Pour un au-
« teur médiocre, ce reproche serait une insulte :
« comment donc osez-vous l'adresser au livre
« de Dieu (1)? » J'aime mieux les prédicateurs
méthodistes, quoiqu'ils nous accablent d'injures.
Ils avouent que l'Ancien-Testament est quelquefois obscur. Mais, selon eux, il doit être
ainsi. De là à reconnaître un pouvoir chargé de
l'interpréter, il n'y a pas loin. Nous devons
aussi leur savo. gré d'en être presque revenus à
la confession. Ajoutez à cela que leurs fougueuses
prédications nous rendent un double service :
elles propagent l'amour des disputes religieuses,

---

(1) J'ai lu ce raisonnement et le précédent dans plusieurs brochures.

et fournissent une occasion d'ameuter le peuple. Les sociétés bibliques ne savent pas tout ce que nous leur devons.

« C'est encore par elles que nous restons maî-tres de l'éducation. Il y a, vous le savez, en Irlande une multitude d'écoles richement dotées pour la plupart et encouragées par le gouverne-ment. Avec un peu de tolérance, elles attire-raient les enfants de tous les catholiques; mais les bibliques veulent y faire des prosélytes, et les catholiques se retirent. Par la même raison, vingt sociétés d'éducation se forment inutile-ment chaque année. L'une distribue des romans religieux; l'autre imprime la Bible en gallique pour un peuple qui ne sait pas lire le gallique; toutes entretiennent à grands frais de riches états-majors, et prêtent à rire par la longueur démesurée de leurs noms et la bizarrerie de leurs règlements. L'un de ces règlements, selon le *New-Monthly Magazine*, contenait la clause sui-vante : « Et, pour éviter toute fausse interpré-« tation, les objets importants se traiteront dans « une commission qui sera composée de douze « hommes et de douze dames, avec liberté d'ac-« croître leur nombre (*with liberty to in-* « *crease their numbers*). »

« Nous avons aussi beaucoup d'obligations à la gendarmerie organisée par lord Wellesley. Elle est d'une insolence qui ne peut manquer de produire son effet. A *Killarny*, dans la cour de justice, j'ai vu l'un de ces *greencoats* (habits verts) donner un grand soufflet à un pauvre vieillard qui ne se rangeait pas assez vite. Le peuple est resté muet, et le vieillard s'est retiré en silence. Mais ce calme cache un ardent désir de vengeance. La Sicile aussi était calme la veille des vêpres siciliennes.

« Vous dirai-je maintenant toute ma pensée? Vous craignez l'émancipation dans l'intérêt de votre famille, et je la crains dans celui de la foi. En 1691, les catholiques d'Irlande étaient à peu près aux protestants comme deux et demi à un; en 1750, comme quatre à un (1) : ils sont à présent sept ou huit fois plus nombreux. Croyez-vous que sans la persécution nous serions arrivés là? Vingt ans d'ilotisme de plus, et le pays est à nous. Quand je vois dans les églises catholiques cette innombrable population agenouillée sur la pierre, quand j'entends ses ferventes

---

(1) Newenham, enquête sur la population de l'Irlande.

prières et ses pieux soupirs, la politique anglaise me paraît admirable. Dieu se sert quelquefois de ses ennemis pour glorifier son nom.
Qu'au contraire la philosophie triomphe, qu'une
émancipation entière soit donnée, et tout chan-
gera. Entre les prêtres et les propriétaires catholiques, j'ai remarqué bien des germes de discorde. Les prêtres eux-mêmes ne sont point
d'accord sur une foule de points importants. A
peine peut-on aujourd'hui étouffer ces fâcheuses
divisions : que sera-ce donc au jour du succès?
La moitié des chefs de notre armée passeront à
l'ennemi, et ne croyez pas alors que les basses
classes nous restent. Il est triste de le dire ; mais
sans l'aristocratie catholique nous pouvons peu
de chose. Or cette aristocratie n'a point de fer-
veur ; elle se sert de la religion pour arriver à
son but. Mais, une fois ce but atteint, ne comp-
tons plus sur elle. A présent notre cause est irlandaise autant que catholique. A nous vient se
joindre tout ce qu'il y a dans le pays de patriotisme, de libéralisme, ou même d'ambitions
déçues. C'est ainsi que nous présentons à nos
ennemis une masse si formidable. Réduits à nos
propres forces, il faudrait céder. Voyez l'association : c'est maintenant notre quartier-géné-

ral, c'est le lien qui nous tient tous unis. Qui doute de sa prompte dissolution si les droits de l'Irlande étaient reconnus? O'Connell et Shiel eux-mêmes trouveraient qu'un siége au parlement vaut bien le métier d'agitateurs, et, rentrés dans l'ordre légal, ils seraient perdus pour nous. Le peuple d'ailleurs s'éclairera ; des manufactures s'établiront, qui lui donneront un peu d'aisance ; il lira et voudra penser par lui-même : toutes choses qui partout ont détruit notre influence, et la détruiront encore ici. Payés par le gouvernement, nos prêtres eux-mêmes auront moins de zèle. Ajoutez à cela le point d'honneur qui retient aujourd'hui tant de catholiques dans leur foi, et le sentiment national qui les y affermit, et comme moi vous tremblerez devant la contagion protestante, si jamais l'Irlande est réellement incorporée à l'Angleterre. Parlons donc tout haut pour l'émancipation et contre les dîmes ; mais tâchons que les dîmes et l'émancipation restent long-temps nos mots de ralliement. Nos vrais ennemis, ce sont les philosophes, ce sont les tolérants. Avec eux il n'y a rien à faire ; et s'ils étaient à Londres en majorité, c'en serait fait des intérêts de l'église comme de ceux de votre famille. Heureusement le banc des évêques est là.

« Envoyez-moi promptement cinq ou six frères de bonne foi. Peut-être feraient-ils bien, en venant, de s'arrêter quelques jours à Paris.

« Votre dévoué frère. »

Cette lettre, monsieur, terminera ce que je voulais vous dire sur l'état de l'Irlande. En dehors des passions qui agitent ce malheureux pays, je crois vous en avoir présenté un tableau assez fidèle. Si ce tableau est effrayant, vous savez qui doit se le reprocher. Pour moi, quand l'Angleterre fait un crime à l'Irlande de son ignorance, de sa misère et de ses désordres, il me semble voir un colon de la Jamaïque s'irriter contre l'esclave que les coups de bâton de la veille empêchent de travailler. Peut-être, au reste, comme l'abolition de l'esclavage, la pacification de l'Irlande offre-t-elle un problème presque insoluble. Soumise aux lois de la conquête, possédée corps et biens pendant tant de siècles, cette nation peut-elle se régénérer légalement? Des haines aussi vieilles, des distinctions aussi enracinées, s'effaceront-elles à la voix du parlement, et, sans une crise sanglante, l'ordre sortira-t-il de cette profonde anarchie? Je le désire plus encore que je ne l'espère. Mais au moins faut-il faire de son mieux, et, après tant d'essais infructueux, l'Angleterre pourrait enfin essayer de la justice. C'est bien quelque chose d'avoir la justice pour soi; et, quoi qu'on en dise, Dieu n'est pas toujours du côté des gros bataillons.

« Mais, s'écrie-t-on, les prêtres sont si dange-
« reux!..... Entr'ouvrez la porte, et bientôt les
« voilà maîtres de toute la maison. Il leur faut
« alors de l'argent et du pouvoir, et ils se servent
« de l'un pour corrompre, de l'autre pour op-
« primer. » S'il en est ainsi, gardons-nous de soutenir l'église anglicane. Cet argent, elle l'a; ce pouvoir, elle le possède (1). L'église angli-cane, ce sont les moines d'Espagne, à quelques

---

(1) Un auteur moderne, George Moore, a calculé que pour sept millions de fidèles le clergé anglican reçoit à lui seul autant que tous les clergés des autres états chré-tiens. Ses revenus montent, suivant le même auteur, à 8,896,000 livres sterling (232,400,000 francs). On croit ces calculs un peu exagérés. (*Remarks on the con-sumption of public wealth by the clergy*, 1822.)

formes près. Irons-nous, de peur d'une tyrannie, nous courber devant une autre, et adorer
le grand lama parce que ce n'est pas le pape?
Pour nous, la lutte n'est point entre le catholicisme et le protestantisme : elle est entre le
despotisme et la liberté, entre l'ordre civil et
l'ordre religieux, entre la théocratie et l'égale
protection de toutes les croyances. Or, qu'elle
soit catholique ou protestante, indienne ou mu-
sulmane, la théocratie est toujours mauvaise,
et nous devons la poursuivre. L'intolérance,
d'ailleurs, est une arme à deux tranchants. Celui qui, en Angleterre, frémit au seul nom d'un
prétre catholique, s'indignerait si vous lui par-
liez d'ôter l'état civil au clergé (1); celui qui
persécute les papistes trouve bon que justice soit

____

(1) Non seulement l'état civil appartient au clergé;
mais il appartient, à l'exclusion de certaines sectes dissidentes, au clergé anglican. Les unitaires, par exemple, doivent, pour se marier, se soumettre à des cérémonies qu'ils regardent comme superstitieuses et idolâtres. Aussi les voit-on tourner le dos à l'autel, refuser
de s'agenouiller, et protester, en les prononçant, contre les paroles sacramentelles qu'on les force de répéter.
Voici la formule dont ils se servent ordinairement :

refusée à qui ne croit pas en Jésus-Christ. Lisez *l'Etoile* du 20 janvier. Un vol est commis chez le libraire *Carlile*. Il vient porter sa plainte, et, se conformant à la loi, prête serment sur l'Évangile. Mais, avant de recevoir sa déposition, on lui fait encore subir un interrogatoire religieux ; et, comme ses principes ne paraissent pas satisfaisants au juge, il renvoie Carlile sans vouloir l'entendre. Pendant ce temps, malgré nos jésuites, la cour royale de Nîmes décide que, « tous les Français étant égaux devant la « loi, les mots *je le jure* sont les seuls qu'on « puisse exiger de la personne appelée à prêter « serment (1) ». Voilà bien les deux systèmes en présence : lequel vaut le mieux ?

Encore une fois, y aura-t-il suprématie d'un culte sur un autre ? doit-il enfin exister dans

---

« Au nom du père, et (mais en protestant contre lui) du fils, et (mais en protestant contre lui) du Saint-Esprit. » Quelquefois le prêtre anglican se fâche, et alors l'église devient un champ de bataille. Pour éviter un tel scandale, le *John-Bull* voudrait qu'on envoyât tous les dissidents se marier à l'étranger. Voilà la tolérance anglaise !

(1) *Moniteur* du 27 janvier.

l'état une église dominante ? Telle est la vraie question, celle dont l'émancipation des catholiques d'Irlande n'est qu'un corollaire. Que cette émancipation ait lieu, et peut-être l'apostolicisme s'en réjouira-t-il tout haut comme d'un triomphe; mais, pour les sages du parti, ce triomphe ressemblera à une défaite. Ce sera un nouveau coup porté à leur système, une nouvelle pierre détachée de leur édifice favori; et, dégagée du poids qui l'oppresse aujourd'hui, l'Angleterre n'aura plus qu'à vouloir, pour les faire rentrer dans la poussière. Tout, plutôt que la tolérance et la philosophie, voilà, ne l'oublions pas, le cri de l'apostolicisme, et c'est preuve qu'il se connaît. Dans la persécution, il se retrempe; la liberté le tue. « Si j'étais An- « glais et protestant, me disait dernièrement un « apostolique zélé, je voterais contre l'émanci- « pation. » Il était conséquent : tâchons de l'être aussi.

VIIᵉ LETTRE.

APPENDICE. — REVENUS DES ÉVÊQUES. — POTS-DE-VIN. — SÉMINAIRES CATHOLIQUES. — CATÉCHISME. — CIVILI-SATION A PEU DE FRAIS. — CONCLUSION.

Je remarque dans mes lettres sur l'Irlande certaines omissions importantes qui pourraient me faire accuser d'inexactitude ou de mauvaise foi; et comme, malgré d'illustres exemples, je ne suis point encore endurci à ce double reproche, j'espère que vous me permettrez quelques mots d'explication.

De ce que j'ai dit on pourrait conclure que l'Irlande entière est divisée comme un damier en compartiments d'une acre environ. Ce serait une erreur. Le tiers du sol est encore en pâturages, et quelquefois alors le même fermier tient dix ou douze mille acres. Aussi les bestiaux forment-ils le grand commerce d'exportation de l'Irlande, commerce qui, selon Mac-Culloch, doit une partie de son importance aux remises qu'on est obligé de faire aux propriétaires absents. Peu de temps avant l'*union*, le parlement irlandais avait déchargé les pâturages de la dîme, pour en reporter tout le poids sur le champ de pommes-de-terre du pauvre paysan. Un *bill* récent a sagement réformé cette incroyable usurpation de la richesse sur la misère.

Entre le nombre des évêques, la quantité de terre qui leur appartient et leurs revenus, il semble aussi qu'il n'y ait point accord. Ainsi, ils sont vingt-deux qui ensemble reçoivent à peu près 190,000 livres sterling par an; et pourtant j'ai dit qu'ils possédaient un million d'acres. Expliquons cette apparente contradiction. Quand ces terres furent violemment enlevées à leurs propriétaires et données à l'église anglicane, elles n'avaient point la même valeur qu'aujourd'hui. Il était d'ailleurs dangereux de s'y établir, et l'église fut trop heureuse de les louer presque pour rien. Cependant les baux étaient faits en général pour vingt et un ans, et peu d'évêques ont la chance de vivre si longtemps. Chaque année donc l'évêque titulaire renouvelle le bail au prix d'origine, moyennant

un fort pot-de-vin ; et ainsi le profit de la terre
se trouve partagé entre lui et des espèces de fer-
miers-propriétaires , qui petit à petit se sont
habitués à considérer ces biens comme les leurs.
Un exemple me fera mieux comprendre. L'é-
vêque de Derry a cent mille acres de terre , louées
dans l'origine pour la chétive somme de 1,000
livres sterling. Renouvelé d'année en année par
ses prédécesseurs, ce bail a vingt ans à courir
quand il entre lui-même en possession. S'il attend ces vingt ans , il centuplera le fermage ;
mais pendant vingt ans il faudra vivre avec
1,000 liv. , et un évêché n'est point héréditaire.
Il consent donc à recevoir par an 20,000 livres
sterling, cinquième du revenu réel, et par cet
arrangement il lie son successeur comme ses
prédécesseurs l'avaient lié. Quelques évêques ,
s'ils sont jeunes, jouent leur vie contre le bail
(*run their life against the lease*). Alors, quand
le terme fatal approche, pour accorder un nouveau bail à l'ancien prix, ils se font compter
des sommes immenses. Deux ou trois ont laissé
expirer le bail, et au bout des vingt et un ans l'ont
passé au profit de leur fils, assurant ainsi à leur
famille une sorte de propriété avec redevance
féodale. Mais ils s'exposaient à de grands ris-

ques. Ces étranges pratiques ont formé en Irlande une classe de semi-propriétaires , plus in-
téressés encore que le clergé au maintien de
l'ordre actuel. Ils se sont , je le répète, habitués
à considérer ces biens comme les leurs, et pourtant leur titre n'est qu'un bail de vingt et un ans.
Que demain l'état , qui ne meurt pas, s'empare
des propriétés ecclésiastiques et laisse courir les
baux , même en allouant aux évêques leur revenu actuel, ce sera encore une admirable affaire. Croyez-vous que la tentation ne lui en
vienne pas ?

On m'a demandé comment s'élevaient et s'in-
struisaient les prêtres catholiques. Le voici : sur
les dix ou douze enfants qui composent une famille irlandaise , on en destine un à l'état ecclésiastique. Alors il quitte la hutte, se met en
marche pieds nus , et, un petit paquet de livres
sur le dos, va mendiant de porte en porte. « *For
the poor scholar* (pour le pauvre écolier) » :
telle est l'humble supplique qu'adresse aux passants ce futur ministre du Très-Haut, et rarement on lui refuse l'aumône. Jadis c'est en
France qu'il venait finir son éducation. Mais
le gouvernement a craint l'influence étrangère ;
et, favorisé par lui, un vaste établissement de

jésuites s'est formé à *Mainooth*, près de Dublin. Ainsi c'est sous les auspices du gouvernement lui-même que les prêtres d'Irlande apprennent à le détester. Quand un système est faux, il en faut subir toutes les conséquences. A ceux au reste qui douteraient de la doctrine catholico-irlandaise sur le salut des hérétiques, j'oppose le passage suivant du catéchisme de Dublin.

Demande. — « Que pensez-vous des héré-
« tiques qui consciencieusement croient appar-
« tenir à la vraie église ? »

Réponse. — « Si leur erreur est invincible,
« et qu'en dépit de toute passion ou de tout in-
« térêt contraires, ils soient disposés à embras-
« ser la vérité dans le cas où ils la découvri-
« raient, Dieu leur pardonnera. »

Aussi un congréganiste de France me disait-il, il y a peu de jours, que les Irlandais étaient schismatiques?

Le rapport de la population catholique à la population protestante n'est pas non plus certain; Suivant quelques orangistes, il ne serait que de quatre à un : il est de dix à un, suivant beaucoup de catholiques. Mais les orangistes s'opposent de toutes leurs forces au dénombrement que les catholiques appellent de tous leurs vœux : c'est dire qui s'éloigne le plus de la vérité. Je ne crois donc pas m'être trompé en adoptant la proportion la plus généralement admise, celle de sept à un. Malgré les nombreuses colonies de presbytériens qui à diverses époques sont venues d'Écosse s'établir dans l'*Ulster*, les catholiques y sont à présent en majorité; et dans le sud il est des communes entières sans un seul protestant, ce qui n'empêche pas d'y entretenir aux dépens des habitants une église, un ministre, un vicaire et tout ce qui s'ensuit. Il est alors fort rare que le ministre réside; mais aux heures d'office le sonneur sonne la cloche pour le vicaire et le sacristain, le sacristain prend sa hallebarde pour le sonneur et le vicaire, et le vicaire prêche pour tous les deux : doux échange de services que le pays est chargé de payer. On demandait à l'évêque de Limerick pourquoi il bâtissait tant d'églises où il n'y avait point de fidèles. « C'est, dit-il, que je tiens à civiliser le « pays, et que beaucoup de clochers lui donnent tout de suite un air de civilisation. » Il y a dans le monde plus d'un évêque de Limerick.

Si je n'y prends garde, monsieur, cet appendice deviendra aussi long qu'une lettre. Je me hâte donc de le terminer. Mais que ce ne soit pas sans inviter quelques uns de mes compatriotes à visiter l'Irlande. Ce pays si peu connu a tout ce qu'il faut pour satisfaire toute espèce de curiosité. Au philologue, il offre une langue qui s'efface, des traditions qui se perdent, des coutumes qui disparaissent chaque jour; à l'antiquaire, des monuments de divers âges encore inexpliqués; au naturaliste, une longue suite de côtes basaltiques, un sol partout marqué de l'empreinte volcanique, et ces inconcevables *bogs*, volcans de boue, qui de temps en temps font éruption, et, comme la lave de l'Etna, s'avancent dans la campagne. En Irlande, le peintre trouvera une source inépuisable de pittoresque; l'économiste, des éléments pratiques pour la solution des plus importants problèmes; l'historien, une conquête encore toute fraîche, pour ainsi dire, et une société dont l'organisation doit jeter de vives lumières sur des époques analogues et moins faciles à étudier. L'homme politique y assistera au grand spectacle d'une lutte à la fois nationale et religieuse, et le simple observateur à des scènes du plus haut effet dramatique; le philosophe enfin, tout en déplorant le sort d'une nation régie par la violence et l'injustice, s'en emparera comme d'une éclatante confirmation de toutes ses théories, et la présentera en exemple aux autres peuples. Par malheur, outre les aveugles qui ne peuvent pas voir, il en est qui ne le veulent pas, et ce sont les pires. Ces aveugles sont nombreux ailleurs qu'en Irlande. C'est surtout dans les palais qu'on les rencontre. Là, entourés de lumières, ils marchent à tâtons, et leur vie se consume dans les soins qu'ils prennent à tenir leurs yeux complétement fermés. Un jour peut-être ils les ouvriront, mais à la lueur des incendies.

POST-SCRIPTUM.

Un coup déplorable vient d'être frappé par la chambre des communes. L'intolérance, vaincue dans les trois dernières sessions, a reparu plus forte, et une majorité de quatre voix lui donne la victoire. Jamais pourtant le cri de *No popery* n'avait produit moins d'effet. Il y a trente ans, le peuple brûlait les maisons de ceux qui votaient pour l'émancipation ; il écoute aujourd'hui leurs raisons, et souvent les approuve. Ainsi c'est quand les préjugés cessent d'agiter les masses qu'ils reprennent leur ascendant sur les sommités ; et le parlement recule à mesure que la nation avance. Singulière situation, et dont l'Angleterre n'offre pas seule l'exemple !

Personne, à la fin de 1826, ne prévoyait cet étrange résultat. Les journaux torys l'annonçaient bien, mais sans y croire eux-mêmes, et l'opposition était pleine de confiance. Depuis

trois mois les choses ont-elles donc changé ?
D'abord ne parlons pas de justice. Ce n'est, à
ce qu'il paraît, qu'un mot à l'usage des faibles :
les forts rient du mot et de ceux qui l'invoquent.
Admettons qu'on ait le droit de traiter six millions d'hommes en esclaves et d'administrer
comme une colonie le tiers d'un puissant empire. Gardons-nous aussi de nier aucun des reproches adressés aux catholiques d'Irlande ; sup-
posons-les encore plus bigots, plus ignorants,
plus féroces qu'on ne le dit ; et, toutes ces concessions faites, voyons ce qui en résulte. Sans
doute qu'il faut adoucir une population aussi
barbare, et s'occuper, pour le réformer, d'un
si dangereux état de choses. Le bon sens le
plus vulgaire dit Oui, mais le parlement a dit
Non. Il a dit Non, après une discussion où les
cris d'alarme avaient retenti de toutes parts. Lisez le discours de M. Dawson, par exemple :
seul, il suffirait pour décider la question. Quoi !
l'Irlande est en feu ! l'aristocratie tremble ! le
peuple se prépare au combat ! les pauvres protestants (*the poor persecuted protestands*) n'y
peuvent dormir sans crainte d'être égorgés, et
voilà ce que vous voulez maintenir ! Les prêtres
et l'association, dites-vous, en sont les seuls au-

teurs. Oui, à peu près comme la presse est la seule cause du malaise que chacun sent en France. Pourquoi les prêtres et l'association ont-ils cet immense pouvoir ? pourquoi la nation entière leur appartient-elle ? pourquoi se jouent-ils de vos efforts et de vos menaces ? Dailleurs, qu'en ferez-vous ? On ne supprime pas des hommes comme des lois. Tuez ceux qui existent, et d'autres renaîtront. En vérité, on croirait certains législateurs frappés de démence. Ils s'irritent contre le mal sans songer à la cause. Comme des enfants, ils battent la pierre qui vient de les atteindre, et croient s'être mis à l'abri.

Cette fois, pourtant, la discussion est sortie de l'ornière théologique. M. Peel seul est revenu sur les indulgences, les miracles et le purgatoire. Les autres orateurs ont senti qu'il s'agissait d'une question politique, et l'ont traitée comme telle. En a-t-elle été plus approfondie ? Nous ne le pensons pas ; et, sauf M. Plunkett, personne n'a pénétré dans le sujet. En revanche, on a largement puisé dans l'histoire, et le complot des poudres ainsi que la sanglante Marie (*bloody Mary*) ont reparu sur la scène, à la grande satisfaction des zélés protestants. Sir

John Copley, d'ailleurs, a fait habilement ressortir les difficultés d'un arrangement entre le catholicisme et l'église anglicane. Est-ce une raison pour les laisser se battre ? M. Peel s'est surtout étendu sur le pouvoir exorbitant des prêtres catholiques. Faut-il pour cela doubler ce pouvoir ? Avec une grande puissance d'ironie, M. Brougham a raillé l'exposé historique de sir John Copley et les arguments religieux de M. Peel; mais il n'a rien fait de plus. M. Canning enfin s'est attaché à prouver qu'en soutenant l'émancipation il n'abandonnait pas l'église anglicane. Son discours n'est au fond qu'une justification de son vote; en le lisant, on prévoit sa défaite. Seul donc M. Plunkett s'est montré digne de la noble cause qu'il défendait; seul il a parlé au nom d'un peuple opprimé depuis sept cents ans. On ne conçoit pas que tant d'éloquence et de raison n'ait produit aucun effet. Mais en Angleterre plus qu'ailleurs les préjugés sont tenaces, et l'on y tremble encore devant le pouvoir que se donne le pape de délier les sujets du serment de fidélité : autant vaudrait craindre qu'il mît le royaume en interdit. Où trouve-t-on aujourd'hui des insurrections par théorie et des conspirateurs par obéissance ? Quand le peuple souffre, il n'a pas besoin de l'autorisation du pape pour se soulever ; quand il est heureux, en vain le pape l'engagerait-il à prendre les armes. J'aime mieux ce loyal sujet de la maison de Hanovre qui voit la dynastie dépossédée si les catholiques sont émancipés : « Car, dit-il, « une fois ce pas fait, il faudra nécessairement « mettre le roi de Sardaigne sur le trône. Il est « descendant des Stuarts, et les Stuarts n'ont « été chassés que comme papistes. »

Que proposait sir Francis Burdett ? Simplement de déclarer qu'il était urgent de prendre en considération les lois relatives aux catholiques. Pendant deux longues nuits, cette grave question a été débattue ; tout le monde s'est écrié qu'il y avait danger, danger imminent ; la guerre civile a presque été proclamée ; et, après tout cela, on a voté qu'il n'y avait pas lieu à examen. En vain l'élite des deux côtés de la chambre s'est-elle unie pour prévenir cet incroyable résultat : on a voté qu'il n'y avait pas lieu à examen. Et dans quel moment ? Quand une guerre difficile peut appeler sur le continent toutes les forces de l'Angleterre, quand à peine elle sort d'une épouvantable crise, quand enfin elle aurait plus que jamais besoin d'union et d'énergie.

J'ai vu d'honnêtes libéraux se réjouir de la dé-
termination du parlement, « parce que, disent-
« ils, cela ferait tort aux jésuites ». Demandez
aux jésuites ce qu'ils en pensent. A leur place,
je serais plein de joie. « Voilà, crie-t-on de
« toutes parts à nos apostoliques, voilà le ré-
« sultat de vos lois et de vos machinations.
« Voyez ce que vous avez fait, et rentrez en
« vous-mêmes. » C'est vraiment les croire trop
généreux ou trop niais. « Ce que nous avons
« fait ! pourraient-ils répondre ?... Nous avons
« enfoncé notre plus puissant ennemi dans un
« abîme d'embarras et de dangers, et sur son
« propre territoire nous avons acquis six mil-
« lions d'alliés. Est-ce si mal réussir ? »

On trouve aussi que cet événement a peu
d'importance, parce que dans tous les cas le *veto*
de la chambre aristocratique était prêt. C'est
mal comprendre le pouvoir de cette chambre.
Elle domine l'Angleterre bien plus par son influence sur la chambre des communes que par
sa propre autorité : si les communes eussent per-
sisté, les lords auraient cédé. L'Irlande du
moins en était persuadée : elle se voyait émanci-
pée dans un prochain avenir ; cet espoir calmait
sa colère. Maintenant que va-t-elle faire, et

que fera-t-on d'elle? Quelques mois résoudront la première question ; la seconde me paraît insoluble. Les Irlandais, dit M. Dawson, seront aisément réduits par de la fermeté et de la résolution. Faut-il donc offrir toutes les libertés anglaises en holocauste à l'église anglicane? Faut-il proclamer *l'insurrection act?* Tout paysan trouvé hors de sa maison après le coucher du soleil sera-t-il envoyé à Botany-Bey? Enfin rétablira-t-on le code de la reine Anne, avec son cortége d'absurdités et de barbaries? C'est, je le sais, l'opinion des orangistes d'Irlande ; c'est sans doute celle de M. Dawson. Mais M. Canning l'a dit, le temps n'est plus où vous pouviez *opprimere superbè*, et la nécessité qui a fait abolir de telles lois ne permettra jamais de les rétablir. Encore une fois donc, que fera-t-on? Rien : on laissera l'Irlande s'organiser à loisir ; ceux que retenait l'espoir d'obtenir légalement justice s'agiteront à leur tour ; chaque jour de nouveaux alliés se rangeront autour des bannières de l'association ; et ces bannières, les prêtres les porteront. Effrayés par ces préparatifs hostiles, les capitaux continueront d'émigrer ; la misère augmentera ; et peut-être, au milieu d'une lutte continentale, l'Angleterre devra-t-elle reconquérir l'Irlande. Elle l'aura voulu.

Ces présages, dit-on, ne se réaliseront pas ! Pourquoi donc tant d'empressement à recevoir des nouvelles de Dublin ? pourquoi des cris de guerre au sein même du parlement ? pourquoi ces détachements qui, dès le 7 mars, se sont mis en marche pour l'Irlande ? L'Angleterre est calme, et il faut soutenir par des baïonnettes une décision de ses représentants ! Des trois royaumes unis, deux, au reste, n'ont rien à se reprocher. L'Irlande et l'Écosse ont voté comme sir Francis Burdett, et la vieille Angleterre seule a fait pencher la balance. Que ses vieux torys s'applaudissent de leur triomphe, mais aussi qu'ils en acceptent toute la responsabilité. Déjà les symptômes les plus alarmants se manifestent à Dublin ; les orangistes brûlent publiquement M. Plunkett en effigie ; et partout les catholiques se rassemblent en masse pour demander, non plus des droits égaux, mais une séparation complète. L'union, si impopulaire il y a trente ans, commençait à trouver des amis : elle les perd, et l'unité de l'empire est de nouveau menacée. Comme, au milieu de ces effrayants débats, les journaux du lord chancelier

sont bien venus à sermonner les paysans irlandais ! « Que vous importe, leur crient-ils, d'ê
« tre gouvernés par vos amis ou par vos enne
« mis ? Repoussez ces misérables papistes, qui,
« sous prétexte qu'ils sont vos frères, vous ser
« rent traîtreusement la main, et écoutez-nous,
« nous qui vous connaissons mieux que vous-
« mêmes. Vous êtes des idolâtres, des bigots, des
« fanatiques, des ignorants, et l'émancipation
« ne vous ferait aucun bien. O'Connell et Shiel
« vous disent le contraire, mais c'est pour vous
« flatter. Rentrez donc paisiblement dans vos
« huttes, mangez vos pommes-de-terre, payez
« la dîme, et laissons reposer cette question.
« Dans une trentaine d'années, il sera temps
« d'y penser. » Par malheur tout le monde
n'est pas aussi conciliant, et lord *Roden* déclare,
aux grands applaudissements de ces nobles collègues, que l'Irlande en feu n'ébranlerait pas sa
résolution, et que le devoir du gouvernement est,
s'il le faut, d'y affermir dans le sang la domination de l'église protestante. Quoi qu'on puisse
penser de ce vœu, il replace au moins la question sur son véritable terrain : exterminer ou
émanciper. Lord Roden choisit le premier
parti.

Sous un autre point de vue, la décision du 6 mars est encore plus importante. Depuis un an, on se disait : « Les deux portions ennemies du cabinet ne peuvent exister ensemble : il faut qu'elles se livrent bataille, et l'émancipation catholique est le champ qu'elles ont choisi. » La bataille a donc été livrée, et M. Canning l'a perdue ; il l'a perdue dans un moment où, quelque insignifiantes qu'elles soient, ses mesures sur les céréales arment contre lui l'aristocratie presque entière. En vain dit-on que c'est une question sur laquelle on est d'accord de ne pas s'entendre. Qu'on juge à la chaleur des débats s'il ne s'agissait que de l'Irlande. Le ban et l'arrière-ban des *country-gentlemen* ont été convoqués ; on en a vu paraître qui, depuis leur élection, n'avaient pas mis une fois le pied à Westminster, et lord Westmoreland, membre du cabinet, a fait revenir son fils de Vienne, tout exprès pour voter. L'Irlande seule a-t-elle remué tant de monde ? Ordinairement, d'ailleurs, tout en se combattant, les membres de l'administration s'accablaient de compliments : c'était un assaut plutôt qu'un duel. Cette fois l'épée a remplacé le fleuret, et le sang a coulé.

« Je ne m'étonne pas que l'Irlande soit agitée

« (a dit M. Peel, ministre de l'intérieur, de
« M. Plunkett, *attorney general*), quand un
« homme tel que mon honorable ami y occupe
« un emploi supérieur. » M. Plunkett est ami
de M. Canning. Mais ce qui est plus significatif
encore, c'est le discours de sir John Copley, futur lord chancelier. Sir John Copley passe pour
l'un de ces hommes habiles à deviner le succès
et à le faire deviner. D'abord jacobin, puis whig,
il s'était fait tory pour être *master of the rolls;*
mais on le croyait au fond de l'âme fidèle à ses anciens principes. Les whigs même le ménageaient,
et M. Canning, disait-on, pouvait compter sur
un ami dévoué. Cependant, entre M. Canning et
lui, les paroles les plus piquantes ont été échan-
gées. Quand, dans les cent jours, on vit certaines personnes partir pour Gand, chacun se dit :
« L'empereur est perdu. » En voyant la défection
de sir John Copley, comment ne pas trembler ?

Cependant, il ne faut pas se décourager. Une
bataille perdue ne décide pas du sort d'un empire, et M. Canning peut reprendre ses avantages. Quand, il a y sept ans, il quitta le ministère, personne ne le regretta. Depuis, l'opinion
publique l'a rappelé au pouvoir : espérons qu'elle
saura l'y maintenir. Sauf quelques salons aristocratiques, où on commence à le traiter de ra-

dical, et quelques clubs radicaux où on l'appelle
aristocrate, toute l'Angleterre a confiance en lui.
Qui osera prendre sa place? Malgré l'échec du 6,
si M. Canning le veut bien ; il doit donc encore
triompher. Mais, le voudra-t-il? Les concessions qu'il vient de faire dans la discussion des
céréales sont peu rassurantes : elles prouvent
une grande peur de l'aristocratie ; et, dans cette
lutte entre les principes et la sécurité ministé-
rielle, les principes pourraient bien être vaincus. Le *statu quo* n'est point d'ailleurs ce que
l'on attendait. La mort du duc d'York, et les
opinions incertaines de son successeur, l'âge et
la retraite prochaine du lord chancelier, l'existence enfin d'un nouveau parlement, tout faisait
espérer que les intelligences des deux chambres
se réuniraient. Déjà l'on voyait à côté de M.
Canning le marquis de Landsdown, homme
de bien, homme de talent, homme à vues larges et à principes généreux. Peut-être M. Brougham lui-même faisait-il partie de l'administration ; et de cette fusion des deux factions nomi-
nales dont le parlement se compose il sortait
un cabinet aussi éclairé que libéral. La décision du 6 mars a pour le moins ajourné cet
espoir. C'est en définitive l'atteinte la plus funeste que, depuis trois ans, la civilisation ait

reçue. En théorie, elle viole des droits et consacre l'oppression ; en pratique, elle menace l'Angleterre des plus épouvantables déchirements, retarde les progrès de l'opposition libérale, et dépouille peut-être un grand ministre, sinon du pouvoir, du moins de cette confiance et de cette force sans laquelle le pouvoir n'est rien. Charles II était à la solde de Louis XIV ; si les apostoliques d'Espagne étaient assez riches, je croirais qu'ils ont acheté les deux cent soixante-seize membres de la majorité. Au reste, il n'était pas besoin d'argent. Les vieux sectateurs de lord Castelreagh, ceux qui, depuis vingt ans, n'ont pas à se reprocher d'avoir voté pour une amélioration ni contre un acte de tyrannie, voilà les hommes dont se compose cette majorité. En France, ils siégeraient au côté droit, et combattraient pour les moines en Espagne. A peine enfin deux ou trois noms brillent-ils, comme par enchantement, parmi tant de médiocrités ; et s'il n'était représentant d'Oxford, M. Peel, j'en suis sûr, serait honteux de son armée. M. Canning acceptera-t-il une semblable tutelle ? Mieux vaudrait cent fois tomber avec honneur.

En terminant ces lignes, une réflexion pénible se présente. Comment nous autres Français prenons-nous à l'Angleterre un intérêt si direct ?

Pourquoi la chute ou le triomphe d'un ministre anglais est-elle pour nous une défaite ou une victoire? D'où vient enfin que, pleins de dégoût pour nos propres affaires, nous tournons avidement nos regards vers celles de nos voisins? Que ceux qui nous gouvernent sortent de leur cloître; qu'ils voient ce qui se fait, qu'ils écoutent ce qui se dit. Ils recevraient l'extrême-onction sans que personne s'en inquiétât; mais M. Canning est malade, et le courrier n'arrive point assez tôt. Amis comme ennemis, tous interrogent les médecins et calculent les progrès du mal; on dirait enfin que nos ministres sont à Londres, et que nos représentants s'assemblent à Westminster. Doit-on dormir en repos quand on a ainsi déporté les intérêts et les affections d'une nation? De tout ceci, au reste, il résulte un grand bien. Ce que le patriotisme avait d'étroit et d'exclusif s'efface chaque jour; on sent qu'il n'y a plus que deux peuples, et que ces deux peuples ne se distinguent point, comme autrefois, par le sol et la langue. De M. Brougham et de M. Dudon, lequel est l'étranger? Lequel est notre compatriote, de sir Robert Wilson et du marquis de la Boëssière?

F I N.